U0741854

用数字规划未来
全面预算管理
实战操盘

吴春明◎著

中国铁道出版社有限公司

CHINA RAILWAY PUBLISHING HOUSE CO., LTD.

北 京

图书在版编目（CIP）数据

用数字规划未来：全面预算管理实战操盘 / 吴春明
著. — 北京：中国铁道出版社有限公司，2024.1
　ISBN 978-7-113-30330-3

　Ⅰ.①用… 　Ⅱ.①吴… 　Ⅲ.①企业管理–预算管理–
研究 　Ⅳ.①F275

中国国家版本馆CIP数据核字（2023）第113840号

书　　名：**用数字规划未来——全面预算管理实战操盘**
　　　　　YONG SHUZI GUIHUA WEILAI:QUANMIAN YUSUAN GUANLI SHIZHAN CAOPAN
作　　者：吴春明

责任编辑：王淑艳　　　编辑部电话：（010）51873022　　电子邮箱：554890432@qq.com
装帧设计：末末美书
责任校对：刘　畅
责任印制：赵星辰

出版发行：中国铁道出版社有限公司（100054，北京市西城区右安门西街8号）
网　　址：http://www.tdpress.com
印　　刷：河北宝昌佳彩印刷有限公司
版　　次：2024年1月第1版　　2024年1月第1次印刷
开　　本：710 mm×1 000 mm　1/16　印张：14　字数：214千
书　　号：ISBN 978-7-113-30330-3
定　　价：79.80元

推荐序

"凡事预则立，不预则废。"全面预算管理作为企业运营的重要工具，其作用和价值已是众所周知。对许多企业来说，预算管理似乎是一件非常劳民伤财的事情，管理团队投入了大量的时间、精力和财力，但预算总是不准。而且"计划赶不上变化"是企业面临的常态，近几年，由于众所周知的原因，让许多公司的经营规划和财务预算一次次化为泡影。在这个"唯一确定的事情就是不确定，唯一不变的就是变化"的时代，预算到底还有没有用？企业运营还需要全面预算管理这一传统工具吗？

本书作者吴春明老师围绕企业全面预算管理这一主题，结合他10多年在跨国公司和上市公司担任财务高管的实战经验，以及20年多来从事企业财务管理咨询和培训所积累的鲜活案例，用情景对话的形式生动形象地诠释了全面预算管理的本质。同时，对企业在生命周期的不同阶段，如何根据其所在行业的特点，构建适合自己独特经营模式的全面预算管理系统，用数字的形式相对合理地精准预测和规划企业的未来，让全面预算管理真正成为企业战略落地与执行的工具，进行有意义的探讨。

目前市场上关于全面预算管理的著述很多，但大多停留在理论层面，真实生动的案例为数不多。吴春明老师作为一名资深的企业财务管理从业者，其本人又在一家财税顾问咨询公司担任高级合伙人，为多个行业的大中小型国有企业和民营企业提供过许多关于管理会计落地的咨询和培训服务，积累了丰厚的一线操盘经验。本书干货满满，可操作性强，案例以对话的方式呈现，内容深入浅出，通俗易懂，是企业财务人员和管理人员案头必备用书。

中国政法大学教授　王燕翔

2023 年 3 月

自序

对一个每年要将大部分时间和精力花在讲课和咨询项目上的企业顾问来说，写书本来是一件费力不讨好的事情。但是，这三年由于众所周知的原因我迫不得已走出了曾经的"舒适区"。

创作这部企管小说的初心始于 2020 年，没想到脱稿时已到 2023 年春天。原以为凭借自己 10 多年在中外企业担任财务高管的经验，以及 20 多年来从事财务管理咨询和培训的专业积淀，完成这样一部以传播全面预算管理理念和工具为主要内容的情节简单的企管小说，应该一蹴而就。然而，当我静下心来，一字一句地将平时在讲台上口若悬河的输出变成文字时，才真正体会到企管类书籍写作是一件极为"烧脑"的工作。

这本书断断续续写了将近三年，现在终于要和读者见面了，我并未感到如释重负，反而心中充满了忐忑与惶恐，唯一可以自我宽慰的是，至少这本书的写作帮我度过了被隔离和封闭的日子里那些灰暗的时光，也算是三年中的一个意外收获吧。借用原花儿乐队主唱大张伟的一句话来形容我此刻的心情："有时，生活所迫真的可以把人逼得才华横溢。"

之所以选择用小说的形式来诠释全面预算管理这一"宏大"主题：一是源自大学时代的文青情结；二是出于"不会写小说的财务总监当不了好讲师"的执念，当然主要还是为了增强这本书的可读性。本书的故事情节全部虚构，如有雷同，纯属巧合。希望各位读者能够在享受阅读快感的同时找到让全面预算管理落地的一些"抓手"，同时对这个变幻莫测的世界和充满不确定性的未来多一点信心和掌控感。

感谢您在免费内容泛滥的互联网时代付出真金白银购买拙作！感谢您把刷手机的时间花在阅读上！感谢挚友王燕翔教授为拙作拨冗作序！感谢所有过去、现在及将来一直与我长期合作、不离不弃的客户、机构和伙伴们，你们始终如一的支持、鼓励和关照是驱动我不断前行、自我突破的源泉和动力！特别要感谢中国铁道出版社有限公司的王淑艳老师，没有她的鞭策和不厌其烦地提醒，这本书可能至今还处于难产状态！最后，也感谢家人的付出与奉献！

吴春明

2023 年 3 月

人物介绍

LX 集团公司

总裁：昆　鹏

运营总监：袁　华

财务总监：焦　燕

人力资源兼行政总监：郁　梅

销售公司总经理：樊　星

生产厂厂长：鲍　远

采购中心总监：米　航

研发中心总监：闫　飞

总裁秘书：肖　丽

北京 TY 财税咨询公司

项目经理：高　展

项目顾问：钱　锋

项目顾问：万　慧

项目助理：乔　智

企业架构

LX 集团公司组织结构如图 1 所示。

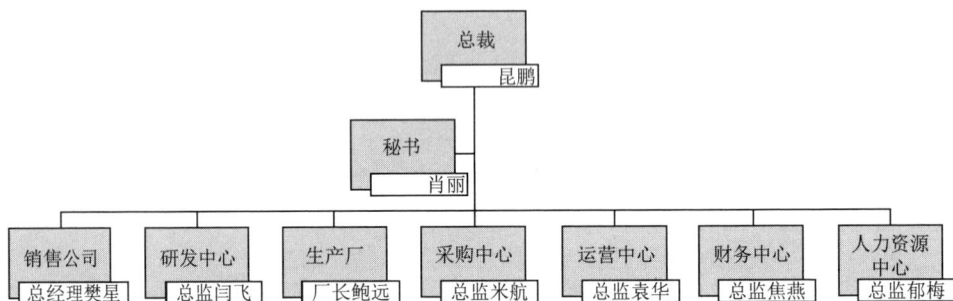

```
                          ┌──────────┐
                          │   总裁   │
                          ├──────────┤
                          │   昆鹏   │
                          └──────────┘
                                │
                          ┌──────────┐
                          │   秘书   │
                          ├──────────┤
                          │   肖丽   │
                          └──────────┘
                                │
  ┌────────┬────────┬────────┬────────┬────────┬────────┬────────┐
┌──────┐┌──────┐┌──────┐┌──────┐┌──────┐┌──────┐┌──────┐
│销售公司││研发中心││生产厂 ││采购中心││运营中心││财务中心││人力资源 │
│       ││       ││       ││       ││       ││       ││中心    │
├──────┤├──────┤├──────┤├──────┤├──────┤├──────┤├──────┤
│总经理樊星││总监闫飞││厂长鲍远││总监米航││总监袁华││总监焦燕││总监郁梅 │
└──────┘└──────┘└──────┘└──────┘└──────┘└──────┘└──────┘
```

图 1　LX 集团公司组织结构图

北京 TY 财税咨询公司项目组人员结构如图 2 所示。

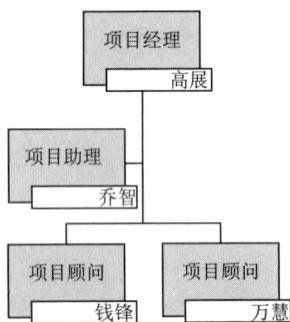

```
                 ┌──────────┐
                 │ 项目经理 │
                 ├──────────┤
                 │   高展   │
                 └──────────┘
                       │
          ┌──────────┐
          │ 项目助理 │
          ├──────────┤
          │   乔智   │
          └──────────┘
                │
        ┌───────┴───────┐
   ┌──────────┐    ┌──────────┐
   │ 项目顾问 │    │ 项目顾问 │
   ├──────────┤    ├──────────┤
   │   钱锋   │    │   万慧   │
   └──────────┘    └──────────┘
```

图 2　北京 TY 财税咨询公司项目组人员结构图

目录

引子：今年的预算不靠谱

财务总监的坏消息

今天是国庆长假后的第一个工作日，连续下了几天的秋雨令人感到阵阵寒意。一大早，LX 集团公司（以下简称 LX 集团）的总裁昆鹏刚到办公室，财务总监焦燕就一脸焦虑地找上门来。

"昆总，有个坏消息，我们财务中心刚刚根据 LX 集团前三个季度的数据对今年的经营结果做了个预测，发现咱们年初定的预算指标很可能完不成了。"

"怎么搞的？从 5 月份开始，你差不多每个月都来告诉我今年的预算要泡汤了。我在集团的大会小会、各种场合反复强调，要求大家千方百计完成今年的目标，销售公司、生产厂和各责任中心也都采取了一些降本增效的措施，难道就没有一点效果吗？你们的预测跟咱们年初定的目标相差多少？"

"到年底今年的销售收入能完成预算的三分之二就不错了，利润差得更远。"

"啊，差这么多，这让我在明年的股东会上怎么向股东们交代呢？"

昆鹏烦躁地在办公室里来回踱了几步，又坐了下来。

"这样吧，我让肖丽发个通知，下午 1：30，让销售公司樊总、生产厂鲍厂长和他们的财务主管，还有集团各责任中心的负责人到大会议室开个研讨会，大家一块找找原因，看看下一步怎么办。你先忙去吧。"

焦燕离开后，昆鹏点燃一支香烟，陷入了沉思。虽然他已下决心戒烟很久了，而且太太也一直对自己的这个习惯表示不满和抗议，但每当他感觉到压力山大时，总是忍不住。

LX 集团的 "光辉岁月"

　　LX 集团是山东省 RS 市一家拥有 30 多年历史的混合所有制企业，主营业务为电机制造，该集团改制前是一家国有企业，20 多年前因经营不善濒临倒闭。当时，昆鹏作为一名 SD 大学电机专业的本科毕业生，工龄还不满 15 年，他凭着一股初生牛犊不怕虎的闯劲，联合厂里的几位业务骨干和核心技术人员，将自己家里的部分积蓄拿出来作为风险抵押金，向 RS 市国有资产监督管理委员会（以下简称市国资委）承包了 LX 电机厂。在之后的 10 多年里，经过管理团队和全体员工的艰苦奋斗和共同努力，LX 电机厂逐步扭亏为盈，慢慢进入良性循环。随着公司业务的发展和实力不断壮大，2002 年，经当地国资委批准，LX 电机厂改制为混合所有制企业，以昆鹏和集团管理团队为核心的员工持股会成为这家企业的实际控制人；2015 年，LX 集团在 "新三板" 挂牌，由混和所有制企业改为有限合伙企业。近年来 LX 电机的年营业额已达 10 多亿元，其中来自海外的销售收入占比接近三分之一。

　　随着集团规模的扩大，昆鹏感到市场竞争的压力越来越大，特别是近三年来受全球经济低迷的影响，集团的主营业务收入出现了滑坡。在这种大环境下，作为集团的掌门人，如何带领大家走出低谷、突破业务增长的瓶颈，无论对于他个人还是集团的管理团队来说都是一场前所未有的挑战。

　　去年底，经集团领导班子讨论决定，昆鹏提出了 "以财务为核心，以预算管理为突破口，全面提升集团精细化管理水平" 的改进目标，任命财务总监焦燕牵头负责全面预算管理项目的实施，并授权财务中心在集团全面推进此项工作。但项目开始没多久，焦燕就开始不断向他反馈，全面预算管理在集团推进的效果很不理想，自己得罪了不少人不说，大家对财务中心的抵触情绪越来越大，年初制定的预算现在看起来就像一堆废纸，根本没有人拿它当回事，更不要说完成业绩指标了。

　　今天再次听到来自财务中心的预警，昆鹏感到既烦躁又困惑，为什么同行业许多企业推行全面预算管理都取得了不错的成效，而到了 LX 集团这里却行不通了呢？现在已经进入第四季度了，明年的预算编制工作马上要启动了。在这种状况下，明年的预算到底应该怎么做？如何把这项工作继续推进下去呢？

第一章

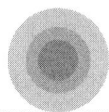

为什么推进预算

预算变成了财务的独角戏

时间：10月8日下午1:30

地点：LX集团公司大会议室

与会人员：总裁昆鹏、秘书肖丽、财务总监焦燕、人力资源兼行政总监郁梅、运营总监袁华、销售公司总经理樊星、生产厂厂长鲍远、采购中心总监米航、研发中心总监闫飞、销售公司及生产厂的财务主管

昆鹏：今天临时把大家召集过来开会，是想讨论预算管理的事情。今年是咱们LX集团公司推行全面预算管理的第一年，由财务中心负责牵头实施。为此，财务中心做了大量的工作，但是，经过这9个月的运行，效果不太理想。从目前预算的实际完成状况来看，销售收入与年初制定的目标存在着将近三分之一的偏差，利润差得更多。现在前三个季度已经过去了，我们只完成预算目标的一半。所以，今天的会议主要有两个主题：第一，还是我以前反复强调的，在最后一个季度，大家不要放弃，要尽最大的努力千方百计去缩小实际经营结果与预算目标的差距；第二，根据集团今年的预算执行状况，明年的预算怎么做？需要从哪些方面加以改进？希望大家畅所欲言，把自己的想法和建议都开诚布公地讲出来。

焦燕：我先说吧，咱们集团的预算管理项目，是我在去年参加了北京TY财税咨询公司（以下简称TY财税）组织的一个财务总监特训营之后向昆总（昆鹏）

提议的，当初之所以提出这个建议，是因为我在听了特训营其他同学分享的案例之后很受启发，那些规模和我们集团差不多的公司通过实施全面预算管理，经营业绩和管理水平都得到了很大的提升。

财务中心从去年10月份接受这项任务开始，全体员工就每天加班加点地工作，包括预算制度的下达，预算流程的设计，销售公司、生产厂和各责任中心相关数据的汇总，以及经营绩效指标的预测等。为了把这项工作做好，我们通过线上线下各种渠道查阅了大量资料，还借鉴了一些预算管理做得比较好的企业的预算模板和范本，起草咱们集团的预算管理制度。考虑到这是我们第一次开展全面预算管理，大家都没有经验，财务中心还为各经营实体和责任中心设计了预算编制的模板，在每个模板的第一页，我们对在哪张表格上应该填写哪些数据，都做了详细的说明。

我们能做的工作都做了，可是结果呢？一些单位到了该提交数据的时候不能按时提交，交上来的数据又被我们挑出许多低级错误。我们只好去和各个单位一一核对，得到的反馈是："忙死了，快到年底了，正事还忙不过来呢，谁有功夫给你们填这些不靠谱的数字啊？"还有人挖苦我们："你们财务中心是不是太闲了？设计出这么一大堆无用的表格让我们填报，这不是劳民伤财吗？"甚至有人对我们说："一看到你们财务中心的电话号码我干脆就不接了。"这种不配合的态度让我们的员工感觉很委屈，大家都抱怨我给老板提了一个费力不讨好的建议，明明全面预算管理应该是大家共同参与的工作，结果变成了我们财务中心的独角戏。

投资预算应该谁说了算

袁华： 委屈的不只是你们啊，昆总让我负责投资预算管控，可是我怎么管啊？在咱们集团销售公司和生产厂都是独立核算的经营实体，人家说："我们是花自己的钱办自己的事，总部又不了解我们这边的实际情况，凭什么要对我们的投资项目指手画脚啊？如果花的是总部的钱，你们说了算，倒还说得过去。"这话怼得我哑口无言啊。结果是报上来的投资预算，到我这里就只剩下签字了，哪儿还谈得上什么审批呀！还有就是集团让我们给销售公司、生产厂和各责任中心制订绩效指标，我们对下面的情况又不太了解，年初定的指标大家都说太高，完不成，定得太低董事会又不能接受，这不是让我左右为难吗？

鲍远： 对袁总（袁华）提的这个问题，我想说两句。我认为，对于我们生产厂的固定资产投资预算，不能完全由总部说了算，总部确实不了解我们这边的实际情况，比如，这些投资到底是不是生产经营所需要的，能够产生多少效益，这些问题只有我们这些在一线工作的人最清楚，如果所有的投资项目都要等总部批准了再执行，可能黄花菜都凉了！坦白讲，今年上半年我们厂新买的一台备用设备就是我先斩后奏购置的，结果怎么样？原来的机器突然坏掉了，幸亏买了这台设备及时顶上，否则至少停产两周，要损失几千万元的产值啊。

"预算＝数字游戏＋劳民伤财"吗

樊星： 我同意鲍总（鲍远）的意见。另外，我听说全面预算管理只适合那些规模百亿元的大型企业，咱们集团一年的销售额只有 10 多亿元。我想问一问，花费这么多的时间编制一大堆没有实用价值的数字值得吗？我的销售主管就曾经跟我抱怨，为了给财务中心提供销售数据，耗费了他们太多的时间。我认为，销售员的时间应该花在市场和客户身上，而不应该花在填写这些复杂、烦琐的表格上；还有，为了完成这一大堆表格，我们的财务人员连续一周天天加班，好不容易弄出一个方案报上去了，财务中心却说我们的目标定得太低，退回来重做，然后我们的财务人员又是连续三天不睡觉。现在回头看看我们当初制定的预算目标和前三个季度的实际结果，简直是一个天上一个地下，应该还是我们原来制定的第一版方案更靠谱。我不了解其他企业的情况，反正我们销售公司的市场基本上处于一种无法预测的状态，客户需求的波动性很大，急单、插单是家常便饭，而且对产品的定制化要求特别高。应对客户订单已经把我们搞得焦头烂额了，现在还要分出一部分精力应付总部的预算编制要求，而且给我们留出的时间特别少，最后确定的指标还无法完成，请问，这样的预算还有意义吗？

米航： 樊总（樊星）说得有道理，客户是我们的衣食父母，我们的主要精力应该花在销售上。请问：没有收入，即使预算做得再准又有什么用呢？更何况咱们集团今年的预算根本就不靠谱！以前我们采购中心是根据生产厂的生产排程来安排订货，有些重要的零部件需要供应商提前一两个月加工出来，供应商经常向我抱怨留给他们的备货时间太短，需要加班加点才能保证按时交货。今年我们按集团的要求推行全面预算管理，年初就把全年的采购计划发给了供应商，要求他们按我们的时间表来备货。一开始供应商还挺高兴，终于不用加班了，但等到采购计划实际执行的时候，因为销售公司那边客户的需求变化太快，生产厂的排产计划几乎每个月都要调整，搞得我们很被动。有时供应商已经把零部件提前加工好了，我们又不要了，而这些零部件很多是按客户订单的特定需求定制的，我们不接收他们根本无法处理，结果对我们集团怨气冲天，甚至有的供应商直接向我们发出警告：如果再这样下去，他们就不再接受我们集团的任何订单了。这些现象说明，我们的预算跟实际业务是完全脱节的，对改善经营管理不仅起不到任何作用，还添了更多的麻烦，我认为，它就是一种劳民伤财的数字游戏！所以，我建议明年咱们集团不要再做预算了。如果领导坚持要做，那也应该是财务中心的工作，跟业务部门没什么关系，我甚至都不明白今天为什么让我来参加这个会议。

焦燕： 我不同意米总（米航）的说法！全面预算管理是一项全方位的工作，涉及企业的方方面面，怎么变成了我们一个部门的工作呢？财务中心的职责是把大家提供的数据汇总整理后编制成报表报给昆总，将预算数据上传下达。说到咱们集团的预算，出现今天这种状况，我认为主要原因还是我们的一些高管重视不够。我的一个同学告诉我，他们公司为了推行全面预算管理，专门成立了预算管理委员会，由一把手直接挂帅，企业的所有高管都是预算管理委员会的成员，人家就搞得挺成功，三年下来收入翻番，总成本下降了30%。我建议，明年咱们集团也采用这种做法，成立预算管理委员会，由昆总牵头，让各单位负责人都参与进来，只有这样，才能让预算真正落地。

财务设计的表格看不懂

郁梅： 我不是学财务的，对预算管理更是外行，对于整个集团的人力资源预算该怎么编，我一直都比较困惑，财务中心要求我们提供人力成本费用预算，但我不知道今年集团一共要招聘多少人。总部这边还好说，我们可以找各个中心的负责人一一去问，但销售公司和生产厂需要招多少人，这些人分别在哪个部门担任什么职位，是否有必要增加这些职位，对这些信息，我们人力资源中心都不掌握，也就无法向财务中心提供准确的数据。

销售公司财务主管： 我提两个建议：第一个是总部编制预算给我们留的时间太短了，每年快到年底的时候，我们销售公司财务部要应付的事情本来就挺多，现在又增加了编预算的工作，我们实在是忙不过来。明年的预算编制能不能提前1～2个月启动？这样我们可以有更多的时间来跟总部沟通与协商；第二个建议是，我们觉得咱们的预算编制流程好像有点问题，总部先让我们自己预测下一年的收入和费用，结果我们编完了报上去又嫌我们的收入目标定得太低、费用太高，退回来让我们重做。今年我们销售公司的预算就这样来来回回反反复复修改了三轮才通过，大伙儿的意见特别大。明年的预算编制流程能不能调整一下？比如，总部能不能先把对销售公司的期望值告诉我们，我们这边讨论之后再跟总部进行协商，大家基本达成一致后再开始编预算，这样可以减少许多无用功。

闫飞： 我在这里也提个小问题，今年的预算财务中心确实下了不少功夫，给各个责任中心都提供了预算编制的专用表格，但说实话，许多表格不太适用。比如，对研发中心来说，有些产品的研发周期很长，需要几年的时间，每年要花多少钱是很难预估的，只能靠拍脑袋、凭经验，再加上填表的人不懂财务，有些费用科目可以参考去年的数字自己调整一下，但有些科目的费用预算我们根本不知道怎么做，编出来的东西都快变成笑话了。所以我建议，今年在编制明年的预算之前，财务中心是不是可以先给我们培训一次，让大家明白每张表格都是干什么用的，这样效率可能会高一些。

……

系统思考，不忘初心

大家各抒己见，畅所欲言，会议开得热烈而富有建设性。最后，昆鹏做了总结发言：

"今天这个会开得很有意义，大家一起分析了咱们集团全面预算管理中存在的问题，还提出了一些建设性的改进建议，为我们下一步完善预算工作流程和提高预算管理的质量开拓了思路。下面我来小结：

第一，有人认为预算管理是财务中心的事情，预算就是'报表＋数据'，甚至是一种数字游戏，这个观点肯定是有问题的，这也不是我们开展全面预算管理的初心。从去年年底集团开始推行全面预算管理以来，我就一直强调预算和我们在座的每个人都有关系，需要你们各经营实体和责任中心的高管共同参与、通力协作才会有效果，这个大方向不能变！至于预算编制的具体程序，包括财务中心与各经营实体和责任中心之间如何分工，我们可以进一步研究讨论。

第二，对LX集团来说，我们需要采用一种什么样的预算管理模式呢？全面预算管理应该如何适应我们集团的业务特点？这些问题也有待深入探讨。

第三，开完会，我希望大家都静下心来，系统地思考我们应该从哪些地方开始优化明年的预算方案。任何工作都要抓核心、抓重点，才能事半功倍。

今天的会议到此结束，感谢大家的参与！集团领导班子的成员留下来，再开个小会，我们会认真仔细地研究大家提出的问题和建议，尽快给你们作出反馈。"

远来的和尚会念经吗

散会后，LX集团的领导班子成员又开了个小会。

昆鹏：对刚才会上大家提出的问题，你们有什么想法？

焦燕：我认为可以归纳为两个方面。第一方面，首先是大家对预算的认知问题，樊总和米总甚至觉得预算没啥用，还增加了他们的工作负担，如果连咱们集团的高管对预算都是这个态度，那么明年这项工作真的是很难再继续推进下去了；其次是预算编制的流程和一些技术问题，比如做预算到底是应该先自下而上还是先自上而下？有人反映我们设计的预算表格不实用，下一步该怎么调整？固定资产投资、人力成本预算和研发费用预算到底该怎么做？第二个方面的这些问题我觉得解决起来相对容易一些，尽管我暂时还没找到答案。

郁梅：焦总，你刚才在会上提到，你参加的那个财务总监特训营，你的同学里有些企业预算管理做得挺成功，你看能不能让我们去他们单位取取经，看看人家是怎么做的？或者请你的同学来咱们集团介绍他们的经验？

焦燕：我同学的企业里好像没有做电机产品的，而且他们跟咱们集团的经营模式差异还是蛮大的。如果要请外援，不如找特训营的主讲高展老师来给咱们辅导。在我们那个财务总监班的讲师里，大家最喜欢听高老师的课，感觉特别接地气，既有先进的管理理念，又有实操性很强的落地工具，深入浅出，通俗易懂。上次培训结束后，我特意加了他的微信。

袁华：现在社会上各种培训班挺多的。这几年，我和昆总也经常在周末去北京 QH 大学听一些总裁班的课，有些老师确实讲得不错，帮我们开拓了思路，也让我们学到了一些新的知识和工具，可是等我们回到企业实际应用时会发现，很多东西都是空中楼阁，无法落地。我们不需要那些"砖家"式的讲师，需要的是能帮我们把砖头垒成房子的工程师。

焦燕：袁总，高老师跟你说的那些社会上的所谓"砖家"不一样，他大学毕业后先在国企工作了几年，然后到国外留学、工作了很多年。回国后在跨国公司和上市公司担任过财务总监，实战经验很丰富，听说他以前工作过的那家外企也是做电机产品的，高老师对咱们这个行业比较熟悉。我在去年编预算时，遇到问题就经常向他请教，高老师人很好，每次都会耐心解答我的问题，还给我提出了一些非常好的建议，对我的帮助特别大。

袁华：那你能不能再向他请教咱们现在遇到的这些问题呢？

焦燕：现在咱们的问题太多，打电话或者发微信只能起到"头痛医头，脚痛医脚"的作用。昆总不是要我们找核心、抓重点，系统性地解决问题吗？我觉得最好请高老师来一趟，对咱们集团的全面预算管理工作做一次全方位的诊断和有针对性的培训。

袁华：如果高老师真像你说得这么厉害，那他的出场费一定很贵吧？

焦燕：我的同学请高老师给他们企业做过这种咨询式的培训，他们觉得高老师的咨询公司报价虽然不便宜，但对他们公司来说还是可以接受的。

昆鹏：这样吧，焦燕，你马上联系高老师，把我们的需求告诉他，问他能不能针对我们的问题来咱们集团做一次诊断和培训，越快越好；另外，在费用方面你跟高老师商量，我们 LX 集团规模不大，每年咨询和培训的费用预算不多，希望他能给我们一些优惠，如果他真能帮我们解决实际问题，将来我们集团可以和他的咨询公司长期合作。

焦燕：好的，我马上联系。

昆鹏：郁梅，等焦燕和高老师把培训时间定下来，你们人力资源中心负责安排好高老师的行程、接待和培训准备工作，各经营实体和责任中心的管理人员和财务人员都要参加这次培训，让他们带着问题来听课，好好利用这次机会，多向高老师请教。

郁梅：好的，我去安排。

破冰：培训与教育的区别

10月12日一大早，LX 集团的会议室就搭好了讲台，话筒、音响、白板等一切准备就绪，等待来自北京 TY 财税的高展老师开讲。为了准备这次培训，高展昨天上午就乘高铁来到了 RS 市。下午在郁梅的陪同下参观了生产厂，并对集团的几位高管进行了访谈，然后又花了大半夜的时间调整讲义，忙到凌晨3: 00才上床休息。今天一早吃过早饭后高老师就来到了大会议室，脸上却看不出一丝疲倦。10多年从事管理咨询和培训的经历，让高老师养成了一个习惯，就是不管多忙多累，只要站到讲台上，就像打了鸡血一般。

8: 30，培训开始，昆鹏的开场白十分简短："今天我们非常荣幸地邀请到了TY财税的高展老师来我们集团给大家培训全面预算管理的知识。高老师是资深的企业财务管理与资本运营专家，曾在世界500强跨国公司和国内的上市公司担任财务总监，具有丰富的实战经验，特别是对我们电机行业也比较熟悉，相信高老师今天的培训一定会给我们带来很多收获和启发。大家一定要珍惜这次难得的学习机会，认真听讲，记好笔记，有问题多向高老师请教。下面的时间交给高老师，大家欢迎！"

"谢谢昆总的介绍，很高兴有机会和LX集团的各位领导及在座的各位精英一起来探讨全面预算管理这个课题。首先向大家澄清一下，我不是什么专家，现在社会上自封的专家太多了，其实他们中的大多数人都是搬砖的'砖家'！"高展幽默的"破冰"方式引起一阵哄堂大笑，瞬间拉近了他和学员们之前的距离。

"其实，我在从事管理咨询和培训之前，和在座的各位同学一样，也是在企业里从事管理工作。昨天通过和咱们集团几位领导的交流，我发现，大家现在遇到的问题，我在以前的工作经历中也都碰到过，所以，今天与其说是一场培训，不如说是一次关于全面预算管理的研讨会。大家知道，培训和教育最大的区别就在于，教育基本上是以老师的单向输出为主，你们以前在学校里上课，通常都是老师站在讲台上讲，学生坐在座位上记笔记，这种模式是教育，不是培训；培训应该是双向的，它需要通过学员与讲师之间的深入沟通和频繁互动来完成。大家的实际工作经验都十分丰富，所以希望你们在今天整个培训过程中一边听一边思考，尽可能把我讲的内容与你们在实际工作中遇到的问题联系起来，想到什么问题可以随时向我提问，我一定竭尽全力为大家答疑解惑，这样你们这一天的收获比只听我一个人讲要大得多。"

预算是一张不太准确的地图

高展开始娓娓道来："首先给大家讲一个故事，在第一次世界大战的时候，曾经有一队西班牙士兵到阿尔卑斯山去执行任务。他们刚进了阿尔卑斯山就遇到了一场暴风雪，大雪封山，他们在山里很快就迷失了方向，这队西班牙士兵在阿尔卑斯山里转了两天两夜也没有找到出山的路，眼看随身携带的水和食品都快用完了，有人开始绝望了，说再走不出去我们都要全部困死在山里了。这时，一个中士无意中发现了他的挎包里有一张阿尔卑斯山的地图，于是大家凭借这张地图继续寻找出山的路，终于在第三天黄昏时安全地走出了阿尔卑斯山。等他们脱险之后，再拿出那张地图一看，发现原来他们使用的那张地图不是阿尔卑斯山，而是比利牛斯山。"

在一阵轻松的笑声中，高展提出问题：

"谁能回答我，为什么一张错误的地图能够帮助这队西班牙士兵脱离险境？"

"因为这张地图给他们带来了希望和信心。"有人回答。

"应该是阿尔卑斯山和比利牛斯山的地形比较接近吧？"还有人推测道。

高展继续提问：

"请大家思考，如果这队西班牙士兵当时就发现它是比利牛斯山的地图，而不是阿尔卑斯山的，你觉得他们还能顺利脱险吗？"

"那就不一定了吧。"

"很难。"

高展引入正题：

"再请大家思考，企业每年编制的预算，是不是有点像这张不太准确的地图？预算总是算不准，或者说预算总是完不成，这是大部分实施全面预算管理的企业普遍遇到的问题。那么，为什么一些优秀企业每年还要花费这么多的时间与精力编制预算呢？"

"是不是因为有预算总比没有预算好啊?"袁华的反问又引来一阵笑声,高展回应道:

"袁总说得没错,预算最基本的目的就是为企业下一个财年的运营绘制一张战略地图,这张地图不一定百分之百的精确,但它至少给我们一种方向感,一种使命必达、梦想成真的信心。

经营管理是一个幽默大师,他通常只告诉你一个大致的目标,却从来不提供如何抵达目的地的地图。

我们在追逐梦想的道路上艰难跋涉,最痛苦的不是路途遥远,山高水长,而是我们永远不知道我们现在选择的方向是否正确。

对一个企业来说,创业初期,几个合伙人一起'摸着石头过河'没有问题;当公司做大以后,成百上千个人一块'摸着石头过河',就是一件非常可怕的事情。

预算编制可以帮我们提前规划好行军路线图,预算执行系统跟踪我们的行军过程,另外,我们在行军途中可能会遭遇到各种事先没有预料到的情况,预算管理系统可以帮助我们对行军路线做出调整。"

预算上接战略,下连绩效

看到现场的学员们频频点头,高展开始导入预算的定义:

"所以,预算是一种战略思考的方式和过程,预算的目的就是通过对企业面临的外部环境和自身拥有的能力与资源的分析和评估,确定下一个财年的经营方向和目标。

目标确定后,企业内部各经营实体和责任中心要依据公司的总体目标制订一整套具体完成目标的计划或行动方案。计划是为实现目标所要采取的一系列行动,行动需要资源,不管是市场营销、生产制造还是采购供应,都需要消耗一些人力、财力和物质资源。

预算是用数字来评估每个行动方案的投入产出效益,看这个方案是不是做到了少花钱,多办事;同时还要分析每个行动方案在执行过程中存在哪些潜在的风险，这些风险一旦发生，造成的影响和损失有多大，是不是超过了企业的风险承受能力。所以，预算的编制过程也是一个风险效益评估过程，风险的大小和效益的高低决定了企业做什么和不做什么，也决定了给每个行动方案配置多少资源。

资源配置到位后还要把预算在组织内部层层分解，让每一个行动方案的落实都能找到具体的责任人，而且要把子目标的完成情况跟每个责任人的绩效评价挂起钩来，换句话说，就是要同员工的个人收入挂起钩来。预算如果不和企业的绩效评价和激励系统衔接起来，它的执行效果也将会大打折扣。

因此，预算绝不是一场数字游戏，更不是劳民伤财，它起着上接战略、下连绩效的重要作用。"（经营规划四"步"曲如图 1-1 所示）

战略
⇩
计划
⇩
预算
⇩
绩效评价

图 1-1 经营规划四"步"曲

预算的"四大"功能

高展打开一张新的 PPT，如图 1-2 所示。

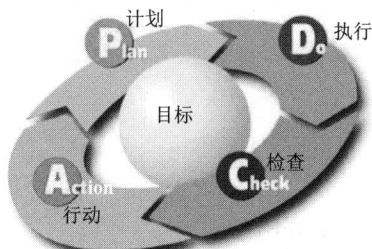

图 1-2 戴明循环

"另外，预算还是一种动态的管理工具，通过预算执行状况的跟踪，我们可以对企业的经营过程进行有效的实时监控。大家都听说过戴明循环吧？爱德华兹·戴明（Edwards Deming）博士是全球知名的质量管理大师，他的学说对企业质量管理理论和方法具有非常重要的影响。

戴明认为：管理是由计划（Plan）、执行（Do）、检查（Check）和行动（Action）四个步骤构成的一个闭环。第一步，计划通过预算用数字反映出来，变成企业各经营实体和责任中心的关键绩效指标（Key Performance Indicator，KPI）；第二步是企业各单位按预算执行自己的工作计划；第三步是对预算执行状况的定期检查，具体到企业，应该是在每个月财务关账后，把实际的经营结果同预算制定的目标进行对比，检查的目的是通过差异分析找到问题的原因；最后是第四步，管理团队根据实际结果与目标的差距制定改进方案和行动措施，努力保证经营目标的达成。

所以，归纳起来，预算主要有四大功能。

→ 未雨绸缪。有了收入、成本、费用等预算数字的预测，企业盈利或者亏损的结果就能够提前估算出来，我们可以根据盈亏预测，采取一些必要措施降本增效。

→ 资源配置。各经营实体和责任中心的费用支出预算意味着对资源的需求，一个企业的资源总是有限的，如何合理地'分蛋糕'，取决于各个子目标的优先级。

→ 秋后算账。各经营实体和责任中心按照预算执行工作计划并达成目标，预算也是对各个单位进行绩效评价的基础。

→ 动态管理。在预算执行过程中，通过定期对预算与实际数据的比较，可以找到差异产生的原因，采取改善措施，提升经营结果。"

"全面"的三个含义

理念导入完成后，互动环节开始了。

"通过前面的分享，不知道大家是否同意，预算是企业经营管理的一个重要工具？"

"同意。"学员们异口同声地回应道。

"尽管预算如此重要，但是这些年我在讲课或者从事咨询的过程中，发现很多企业在预算编制和执行方面存在一些误区，大家可以结合LX集团的现状思考，看看我们在预算管理过程中是不是也或多或少地存在这些现象。

有人认为编预算是财务中心的工作，与各经营实体和责任中心的关系不大。你们同意吗？"

"不同意！"来自财务中心的学员们斩钉截铁地回答。

"至少应该是以财务中心为主吧。"米航的态度似乎有所转变。

"大家知道，预算是对企业下一个财年经营活动的预测或者预演，它有点像两军作战之前的沙盘推演，这么重要的工作仅靠财务中心一个部门肯定是不够的，因为预算编制所使用的数据大部分来自各经营实体和责任中心，财务的任务是把这些数据汇总、整理，编成预测的财务报表后上传下达，经过决策者与执行者反复磋商后确定下一个财年的经营指标。所以，在全面预算管理中'全面'两个字包括了三个含义。（全面预算管理中"全面"的三个含义如图1-3所示）

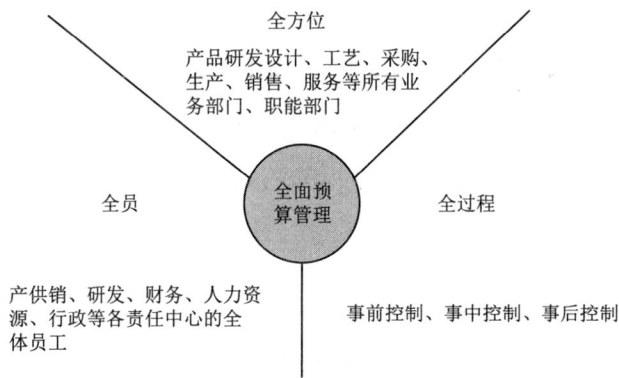

全方位
产品研发设计、工艺、采购、生产、销售、服务等所有业务部门、职能部门

全面预算管理

全员
产供销、研发、财务、人力资源、行政等各责任中心的全体员工

全过程
事前控制、事中控制、事后控制

图1-3 "全面"的三个含义

第一个含义是'全方位'，预算既包括业务部门，也涵盖职能部门，预算首先是一个团队合作的产物。

还有人认为，编预算是各经营实体和责任中心负责人的工作，跟普通员工关系不大，这种观点也是不对的。从某种意义上来说，预算应涵盖全体员工，因为企业经过战略推演确定的总目标必须分解成子目标，而且层层落实到每个基层单位，基层单位负责人再将它们分解到每个部门，部门经理再把本部门的目标分解到下一级主管，主管再将自己要完成的目标分解到自己的下属。每一个层级的执行者在接受目标时必然会对自己的上级主管提出这样一个问题：'我完成这些指标，公司将给我提供哪些资源和支持？'如果你的主管明年给你制定了一堆目标，但不向你提供任何资源，你能够完成这些目标吗？"

"不能。"现场的回答一致而又肯定。

"所以，这就涉及'全面'的第二个含义——全员，预算几乎跟企业的每一位员工都有关系，因为人人头上有指标。每个人在接受目标时就会提出对资源的需求，而资源涉及花钱，要花钱就要有预算，要在公司内部养成一种谁花钱谁编制预算的风气，借助预算帮助每个执行者完成目标与资源的匹配。

还有的公司预算编制完成后就把预算文件直接放到文件柜里，不是按月度进行跟踪、检查、对比和分析，而是等到第二年年初绩效评价时再把预算文件翻出来，按当初确定的目标和实际完成情况进行对比，秋后算账，论功行赏。显然，这种做法没有把预算当作一个动态管理工具，而是当成了一个发奖金的依据。

这种做法也不符合全面预算管理所倡导的理念。'全面'的第三个含义是'全过程'。大家都知道，企业的内部控制通常包括事前控制、事中控制和事后控制三种方式，预算管理属于哪种方式？"

"事前控制。"一部分学员抢答道。

"其实，预算管理既包括事前控制，也包括事中控制和事后控制。记得我以前工作过的那家上市公司的董事长就经常向我们强调：'无预算，不开支；有预算，不超支。'尽管这种刚性预算的做法看上去好像有点僵化，但它强调了预算管理事前控制的作用。除了事前控制，企业的管理团队在每个月财务关账后要召开一次业务分析会，通过将实际完成的业绩与预算目标进行对比分析找到存在的问题，并采取一些措施进行改善。有的公司在半年度进行业绩回顾时，如果发现实际情况与最初设定的目标差距太大时，还会对全年的经营目标和预算进行调整，这些活动属于事中控制。而秋后算账，论功行赏则属于事后控制。"

人生的三个重大问题

高展继续说道："在预算编制过程中，还有一种现象，就是许多企业只注重成本控制，忽视了业务的增长，资源配置缺乏战略性。一些企业的老板甚至把预算管理跟成本控制画上等号，这样就把预算的功能理解得过于狭隘了，预算确实可以帮助企业更有效地控制成本，将有限的资源重点配置到那些最有潜力的业务和产品上。请大家思考我们编预算仅仅是为了控制成本吗？"

"不是。"昆鹏率先做出反馈。

"谢谢昆总！我刚才说过，预算是对企业下一个财年经营活动的预测和推演。大家知道企业的生命周期通常分为四个阶段：创业期、成长期、成熟期和衰退期，在每个阶段，预算的侧重点都是不一样的。LX集团现在处于哪个阶段？"

"成长期吧？"袁华回应道。

"从销售额的增长速度来看，应该已经进入成熟期了。"樊星提出了不同意见。

"我怎么觉得，我们的管理好像还停留在创业期的水平？"鲍远也提出自己的观点。

"好的，我们先从财务管理的角度来看看企业在这四个阶段的现金流分别具有哪些特征，大家自然就会得出结论了。

先说句题外话，有人认为，人终其一生都在寻找三个问题的答案，在座的各位是不是也会经常思考人生的这三个重大问题？"高展打开一张幻灯片，如图1-4所示。

```
1. 我从哪里来？

2. 我要到哪里去？

3. 我怎么去？
```

图1-4　人生的三个重大问题

"没时间思考。"

有人回应道，现场笑声一片。

"大家不要笑，经常思考这三个问题的人有成为哲学家的潜质。"

高展翻到下一张幻灯片，如图1-5所示。

"其实，企业的财务管理也是要回答三个问题，它们与人生的三个重大问题差不多。

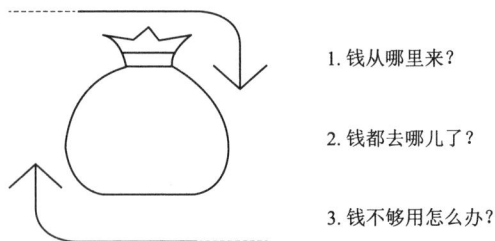

1. 钱从哪里来？

2. 钱都去哪儿了？

3. 钱不够用怎么办？

图 1-5　企业财务管理的三个问题

与人生的三个问题相比，财务管理这三个问题是不是显得有些俗气？因为都离不开一个钱字。有人给钱起了一个高雅的名字，叫作资金。不管叫什么名字，钱对每个企业和我们每个人来说都是非常重要的。作家三毛说过：'世上的喜剧不需要金钱就能产生，世上的悲剧大半跟金钱脱不了关系。'这几年，许多企业破产重组，包括像北大方正集团有限公司、紫光集团有限公司、哈尔滨工大集团股份有限公司、海航集团有限公司、恒大集团有限公司这类大企业，请问它们今天所面临的困境都是因为疫情造成的吗？"

"不是，是他们的资金链出了问题。"焦燕回答。

"正确。这三个问题会通过一张财务报表反映出来，有人知道是哪一张吗？"

"现金流量表。"这个问题刚好撞到了财务人员的"枪口"上。

企业的造血、换血和输血能力

高展打开一张新的幻灯片，如图 1-6 所示。

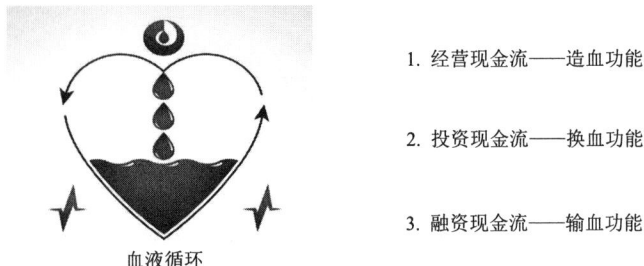

1. 经营现金流——造血功能

2. 投资现金流——换血功能

3. 融资现金流——输血功能

血液循环

图 1-6　企业的三种能力

"好的，因为今天听课的很多同学可能以前没学过财务，我先花点时间给大家简单脑补一下现金流量表的相关知识，这张表包括三部分内容，分别反映了企业的造血能力、换血能力和输血能力。第一部分是经营活动产生的现金流量，简称'经营现金流'，回答'钱从哪里来'的问题。请大家想一想，咱们集团的钱主要是从哪里来的？"

"是通过销售产品赚来的。"樊星颇为自豪地说道。

"樊总说得没错。简单地说，企业对外销售产品和提供服务赚到的钱，属于经营活动的现金流入，日常的采购和生产活动付出去的钱，属于经营活动的现金流出，二者的差额就是'经营现金流'。如果把企业比作人，'经营现金流'反映了一个人的造血能力。

现金流量表的第二部分是投资活动产生的现金流量，简称'投资现金流'，投资现金流回答第二个问题'钱都去哪儿了？'。大家再想一想，我们集团赚的钱除了购买原材料、给大家发工资和支付水电费之外，主要都去哪儿了？"

"给税务局交税了。"

"给股东分红了。"

"除了这些支出之外，最多的钱花到哪儿去了？"高老师继续引导。

"建厂房、买设备，增加生产线，扩大产能了。"昆鹏回答。

"还是昆总抓住了问题的关键。其实，咱们集团每年赚的钱除了交税和分红之外，大部分都花在固定资产投资上了。因为一个企业要保持业务持续增长，需要不断进行固定资产投资和新产品研发，增加产能，提高市场占有率。另外，当一个企业的主营业务造血能力下降时，也需要通过投资活动来完成产品的更新换代，有时甚至需要通过企业整体的转型升级找到新的盈利模式。所以，投资现金流反映了一个企业的换血能力，它是企业持续发展的必要保证。

再来看看现金流量表的第三部分：筹资活动产生的现金流量，简称'融资现金流'，它主要回答第三个问题'钱不够用怎么办？'这是绝大多数企业在经营过程中遇到的问题，特别是当产品需要升级换代的时候，如果设备更新的成本比较高，研发项目需要投入的资金特别多，仅仅依靠企业自身的造血能力无法满足投资活动对资金量的巨大需求，这时企业就需要对外融资，也就是需要输血。所以，'筹资活动产生的现金流量'反映了一个企业的输血能力。再问大家一个问题，企业融资都有哪些方式？"

"增资扩股。"

"找银行借款。"

"发公司债。"

"债转股。"

大家众说纷纭，现场气氛变得越来越活跃了。

"很好！企业融资概括起来有两个来源，一个是股权，另一个是债权。股权融资是通过吸收新的股东投资来补充资本金，债权融资是找银行或其他债权人借钱。假设你是一家企业的老板，如果你的钱不够用，你倾向于去找股东还是找银行？"

"股东。"

"银行。"

"先找股东，不行再找银行。"

"不对，还是应该先找银行吧？"

等现场渐渐安静下来，高展给出了答案：

"其实，这两种融资渠道各有利弊。股权融资的优点是风险低，因为增资扩股意味着你把更多的股东拉进来跟你一起共担风险、共享收益。"

又是一阵笑声。

"但是，请大家注意，任何事情都有两面性，股权融资虽然风险低，但是成本非常高。首先，其他股东把钱投到你的公司是要有回报的，而且这个回报率至少要超过他们买基金炒股票所获得的收益，也就是经济学所说的'机会成本'；其次，增资扩股意味着创始人的股权被稀释，股权融资过度会让创始人失去对公司的控制权，甚至到最后可能会被其他股东踢出这个企业，到那时就不是你说了算了。比如，雷士照明控股有限公司的创始人吴长江就是一个活生生的例子，相信大家也听说过不少类似的案例，我在这里就不再赘述了。

我们再来看看债权融资，它跟股权融资的利弊刚好相反，债权融资的特点是成本低，但风险高。目前中国中小企业债权融资的主要渠道就是找商业银行借钱，商业银行按央行规定的基准利率收取利息。这两年，为了给中小企业减负，中国人民银行（以下简称央行）的基准利率也在不断下调，所以，与股权融资相比，债权融资的成本更低。

跟股权融资相反，债权融资的风险比较高，因为你在跟银行或其他债权人借款时必须把你的资产抵押给他们，一旦债务到期了你还不上，债权人就有权将你抵押的资产拍卖，甚至请求法院对你的企业进行破产清算。前面讲的那几家大型企业集团都是因为债务违约而被迫进入破产重组程序的。所以，输血能力关系一个企业的生死存亡。"

到什么山，唱什么歌

高展翻到下一张幻灯片，见表1-1。

表1-1 企业生命周期不同阶段的现金流状况

生命周期	经营现金流	投资现金流	融资现金流	预算侧重点
创业期	-	-	+	融资、投资
成长期	+	-	+	市场、收入导向
成熟期	+	-		降本增效导向
衰退期	-	+	-	现金流导向

"我们再来看一看，企业的造血、换血和输血这三种能力在生命周期的不同阶段所呈现的状态。

在创业期，公司刚刚成立，需要招兵买马，购置机器设备，研发产品，吸引客户，这些一般都要靠大量资金才能实现，投资现金流肯定为负。通常这个阶段的企业最缺钱，因为它还不具备造血能力，经营现金流也是负数，只有融资现金流为正。创业期的企业只能依赖源源不断的融资输血来维持生存，而且融资渠道也比较单一，基本上只能找那些风险资本（VC，即 Venture Capital）或者私募基金（PE，即 Private Equity）去融资，所以，在创业期，预算管理的核心就是投资和融资。投资和产品研发需要大量资金，等钱快用完时，就要开始筹划下一轮融资；资金到位后，还要仔细计算这笔钱可以用多久，能够产生怎样的成果。

据统计，大多数创业企业破产的原因，都是因为来自风险资本和私募基金的"输血"中断了。其实，这也不能怪他们，因为风险资本和私募基金大多为有限合伙企业，这类企业通常由 1 ~ 2 个普通合伙人和一群有限合伙人组成。普通合伙人通常由投资经验丰富的基金经理担任，他自己投入的资金有限，大部分资金出自有限合伙人。普通合伙人的主要任务是物色和选择那些有望在 3 到 5 年内长成'独角兽'的企业进行股权投资，等这头'独角兽'长大后，通过上市公开发行股票（IPO，即 Initial Public Offerings）的方式变现退出，或者找一个接盘侠溢价转让，这些有限合伙人在投资回报率和回收期方面一般对普通合伙人有着严格的要求。

雷军曾经说过，站在风口上，猪都能飞上天。也许你创建的企业在第一轮融资时刚好站在风口上，获得第一轮融资还比较容易。但一旦风口过去，那些风险资本和私募基金不再投你了。公司的现金流一断，企业无法继续运转下去，就像某个小品中所说的那样：'人生最最悲惨的就是，你还活着，钱没了。'

中国有句俗话：'到什么山，唱什么歌。'我理解这句话的意思是企业应该在生命周期的不同阶段做自己最应该做的事。一般来说，在创业期的最佳经营策略就是死扛，扛过去了就是胜利。坦白讲，在这个阶段，没人知道还要扛多久，也没人知道还要再花多少钱，你唯一能做的，就是要千方百计在上一轮融资花光之前，找到新一轮融资。扛过去的企业家往往会说：'我的成功靠的是信念和执着。''伟大是熬出来的。'"

没有不开张的油盐店

"中国还有句俗话是'没有不开张的油盐店'。一般说来，只要企业经营的大方向正确，经过一段时间的持续投资后，倘若你足够幸运地活了下来，熬过了创业期的生死线，就会进入成长期。假如你的产品或服务能够解决一些客户的痛点问题，同时市场营销策划和销售团队又很给力，订单就会像雪片一样飞来，销售额更是像火箭一样蹿升。在这个时期，企业处于高利润阶段，经营现金流也从创业期的负数变成了正数，企业开始具备了造血能力。

当然，在这个阶段，企业依然缺钱，为了抢占市场、提高客户满意度，企业需要继续花钱，这些钱主要用于开拓市场、建立销售渠道和完善物流系统。所以，在成长期，一个企业的投资现金流仍为负数，融资现金流也依然是正数。因为在成长期，企业需要借助不断融资来支撑业务的快速增长，让这头'独角兽'尽快长大，但这时企业融资的压力应该会比创业期有所缓解，因为你已经变成了风险资本和私募基金眼里的'香饽饽'，企业的估值也随着经营业绩的增长而水涨船高，这个阶段的融资成本相对比较低，你可以用更少的股权稀释吸收更多的权益资本；而且，当商业银行看到你们公司拥有强劲的造血能力和良好的发展前景时，也会主动借钱给你。

处于成长期的企业，由于销售额增长太快，订单多得接不过来，公司上下忙得不亦乐乎，成本费用几乎处于失控状态，就像当年处于快速扩张阶段的亚马逊，除了财务总监之外，没有人关注成本。但老板心里却乐开了花，因为企业每天都有大把钞票进账，钱来得特别容易，为了占领市场，满足客户需求，多花点钱也不在乎。不知道 LX 集团是不是也经历过这样的'黄金时代'？"

昆鹏点了点头："我们集团确实有过几年这样的好日子。"

"那么，大家觉得，处于成长期的企业，预算管理应该以哪个指标为核心？"高展问道。

"肯定应该以销售收入为核心，在这时如果控制成本，会影响市场占有率。"樊星开始抢答。

"谢谢樊总。注意，成长期预算管理的重点一定是市场营销，一切资源都要支持营销。这时企业面临的最大挑战是市场变化太快，销售收入目标很难预测，即使勉强定下来了，很可能被销售团队轻易突破且超额完成。所以，最好按保守、乐观和进取三种假设制定销售额增长目标，拉开级差，成本费用开支采用弹性预算的方式，即使有不合理的地方，也应选择暂时放弃控制，不能为了节流而错过开源的商机。"

不差钱时居安思危

"当一家公司因销售某个产品而赚得盆满钵满时，就会有一只看不见的'手'进行调节，这只看不见的手叫作市场。当你的产品占到很高的市场份额时，就会有竞争对手进入市场，他们采用各种手段引流'吸粉'，打折促销，线上线下全面出击，抢占你的市场份额。

在成熟期，销售额的增速一般会慢下来，利润也没有成长期那么高了，但老板一般并不着急，因为现在企业不差钱了。产品的先发优势让公司积累了一大批忠诚度较高的铁杆客户，占据了一大块市场份额，公司也从一头'独角兽'变成了'现金牛'，这头'牛'每天都能为你挤出一些'牛奶'。这时，企业的经营现金流为正，而且金额比较大；投资现金流为负，因为面对惨烈的竞争，企业要开始筹划如何通过产品的更新换代跳出这片红海，或者另辟蹊径，通过投资开发新的产品线或其他业务开辟出一片蓝海。

在这个阶段，企业的融资现金流一般会从正数转变为负数，因为你的造血能力已经变得足够强大，在用经营活动产生的现金流量支付了所有的资本性支出之后，还会剩下一些闲钱，这时首先应该将一部分银行借款还掉，然后再拿出一些钱来给股东们分红。现在问题来了，在成熟期，预算管理的重点应该是什么？"

"添置新设备。"

"开发新产品。"

"降本增效。"

……

"大家讲得都对。我来总结一下：在成熟期，预算管理的重点应聚焦于优化产品结构和降本增效，完善企业的内部管理，从成长期的野蛮生长状态转变为有序增长，同时加大对新产品的研发投入，及时完成产品的更新升级和企业的转型，这个转型既包括产品和组织结构的调整，也包括经营理念和管理模式的转变。

注意，处于成熟期的企业一定要有居安思危、未雨绸缪的意识。在这个阶段，表面上看，企业可能不差钱，但如果不能突破增长的极限，完成自我蜕变，就会错过转型的最佳时机。"

听到这里，昆鹏站起身，走向讲台："高老师，我来说两句吧。"

高展把话筒交给了昆鹏。

"请大家注意，现在我们 LX 集团就处在高老师讲的这个非常关键的转型期，我们要从以前的粗放式管理转变为精细化管理，从单纯地向市场要收益转变为同时向市场和管理要效益，这个转型能否成功关系集团未来的生死存亡，而全面预算管理是帮助我们实现精细化管理的重要手段。"

"昆总讲得太好了，谢谢您的补充。"高展带头鼓起掌来。

成本不是割不完的"韭菜"

等掌声停下来，高展继续分享：

"并不是所有的企业家都能像昆总这样居安思危。问大家一个问题：假如有一天，你突然变得特别有钱，你会做什么？"

"换套大房子。"

"买辆大房车。"

"周游世界。"

……

现场的回答五花八门。

"大家的选择都可以理解。但你们发现没有？从大家的选择可以看出：人一有了钱就会把以前没吃过的山珍海味都尝一遍，以前买不起的名牌衣物都试一下，以前没去过的名山大川都游览一遍。而企业一旦有了钱会怎样呢？创业期没钱，一分钱要掰成两半花；成长期有钱了，但大家都忙着去挣更多的钱，没时间花；到了成熟期，许多老板开始偏离主业，盲目扩张，而这种增长属于虚胖型，往往是增收不增利，在成长期投20元可能会带来80元的回报，现在投80元只能换来20元的收益。

昆鹏又拿起话筒，补充道：

"我感觉这些年在我们集团内部，也出现了这种苗头。企业经营如同逆水行舟，不进则退，希望高老师刚才讲的内容对大家能起到警示作用。"

高展接过话筒，继续引导：

"谢谢昆总的补充。这些年，我遇到过许多在成熟期没有完成转型或者转型不成功的企业。特别是近几年，中国宏观经济增长带来的市场红利逐渐减弱，许多企业的业务增长陷入停滞，处于一种不上不下的状态。于是，一些老板开始要求企业内部自上而下全面削减成本，这一招通常一开始是奏效的，因为很多以前不该花的钱都被砍下来了。但许多不该砍的策略性成本也被砍掉了，砍得企业元气大伤，失去了继续生存的根基。因此，成本并不是永远割不完的'韭菜'。"

银行：晴天送伞，雨天收伞

"我们再来看进入衰退期的企业现金流的状况。在衰退期阶段，企业持续亏损，经营现金流由正转负。雪上加霜的是，一些长期借款马上要到期了，需要尽快筹措资金还本付息。如果不能按时偿还，就会有更多的债权人釜底抽薪。因为，商业银行的特点是'晴天送伞，雨天收伞'。"

"高老师，这两年，政府不是一直要求商业银行放宽对中小企业的贷款限制，解决他们贷款贵和贷款难的问题吗？"袁华不解地问道。

"袁总，我问你一个问题，商业银行的钱是从哪里来的？"

"我们这些储户存进去的。"袁华回答。

"那么，我再问你，作为储户，你可以拿这些钱去买基金和债券，甚至去炒股票，这些投资的收益都比银行的存款利率要高，为什么你还要把自己的一部分钱存在银行呢？"

"虽然银行的利息低，但是更安全。"

"你说得很对。银行的首要职责是要保证储户存款的安全，这一定位决定了他们没有权利也没有义务拿储户的钱去帮助那些缺钱的企业。大家同意吗？"

"同意。"学员们回应道。

"如果银行指望不上，企业会如何自救呢？"

"加紧催收应收账款。"樊星率先作出回应。

"降价销售存货，让资金尽快回笼。"鲍远补充道。

"变卖一部分资产。"米航也提出了自己的想法。

"谢谢三位老总。大家发现没有？他们提出的措施都聚焦于一个核心：改善现金流。没错，在衰退期，预算管理的重点应该集中在现金的快速回笼和存货、应收款的大幅度压缩上。米总提出变卖资产以获取现金的建议也是改善现金流的一项重要举措。企业在财大气粗时，可能会投资一些跟主营业务不相关的资产和业务，等到了衰退期才发现，这些资产不但没带来收益，反而变成了负担和累赘。所以，企业在这个阶段将这些非主营业务的资产剥离和转卖出去，确实可以缓解现金流的危机。但是，当你在缺钱时变卖资产，能卖出一个好价钱吗？"

"不能。"一些学员回应道

"一旦进入衰退期，你的这些资产就缩水了，需要打折才能卖出去，但是没办法，当企业连员工的工资都发不出来时，只能断臂求生。其实，在我看来，将一些不良资产剥离出去是有好处的，这样会让你更加聚焦主营业务，只有主营业务才是企业的根基。

好的，小结一下，在衰退期，企业的经营现金流通常会由正转负，说明企业已经失去了造血能力；投资现金流由负转正，意味着企业需要通过变卖资产来换取现金；融资现金流由正转负，反映了企业面临巨大的偿债压力，而造血能力的缺失迫使企业只能靠砸锅卖铁维持生存。

这部分内容是不是有点'烧脑'？接下来我们放松一会儿，休息15分钟，请大家在10：30准时回来。"

预算是技术问题还是理念问题

短暂的茶歇之后，高展又开始和学员们互动起来。

"谢谢大家准时回来，我们继续研讨'为什么预算'的问题。通过刚才的讨论，我想问大家一个问题：'预算到底是技术方面的问题，还是理念方面的问题？'"

"两方面都有吧？"有人回应道。

"对LX集团来说，首先要解决的是哪一个问题？"

"理念问题！"昆鹏抢答。

"同意昆总的判断，根据我以前的从业经历和最近10多年给企业做管理咨询的经验，我发现企业在预算管理中遇到的技术问题解决起来相对比较容易，但如果理念问题解决不好，预算很容易变成纸上谈兵，甚至沦为财务部门的独角戏。全面预算管理已在全球企业界风行多年，为什么有些企业的预算管理卓有成效，而另一些企业的预算管理却变成了数字游戏呢？"

"高老师，您能不能讲一个预算管理做得比较成功的案例？让我们也学习学习，看看人家是怎么做的？"袁华提出请求。

"袁总，没问题。大家都知道宝洁公司吧？宝洁公司是全球日用消费品巨头，它的产品除了涵盖洗发、护发、护肤用品和化妆品外，还包括婴儿护理和女士卫生用品、医药、纺织品、家居护理和个人清洁用品。当年我在外企工作时曾和宝洁公司大中华区的财务总监交流过，我问她，听说你们宝洁公司每年的预算都做得挺准，你能告诉我到底准到什么程度吗？她回答说，全球的预算完成情况她不是很清楚，她所负责的大中华区每年实际的经营结果与预算之间的偏差基本上不超过3%。我听后感到十分惊讶，大家知道，宝洁的产品种类繁多，仅洗发水就有10多种，如此繁杂的产品线和业务组合，他们能将实际与预算的偏差控制在3%以内，这是令我难以想象的。我曾在两家跨国公司和一家上市公司担任财务总监，在我 10 多年的从业生涯中，每年能把实际完成业绩与预算的偏差控制在 10% 以下，就感觉很不容易了。

而我们国内的某些企业，每年的营业额并不高，产品结构也不像宝洁公司那样复杂，为什么实际结果总是和预定的目标相差甚远呢？实际上，问题的症结在于，这些企业的预算编制过程太粗放，缺乏必要的战略推演和充足的依据，导致预算与业务脱节，没有同企业战略和经营规划紧密结合，在执行过程中，也没有建立对预算的动态监控与调整机制。"

"是的，我们集团就是这样。"昆鹏深有感触地说道。

从后知后觉到先知先觉

高展启动了又一轮互动：

"宝洁公司的例子告诉我们：实施全面预算管理的关键是要建立一种用数字规划未来的预算文化，完成从后知后觉到先知先觉的转变。大家知道，一个企业通常包括三种人：第一种人先知先觉，第二种人后知后觉，第三种人不知不觉。在座的各位同学，你觉得你在 LX 集团属于哪一种人？认为自己是先知先觉的请举手。"

高展环顾会场，没有一个人举手，于是把手指向了昆鹏："你们觉得昆总应该是先知先觉吧？"

"是的。"几乎现场的所有人齐声附和。

昆鹏不好意思地摇了摇头：

"高老师，我可不敢说自己是先知先觉。别看 LX 集团规模不大，但每当我决策的时候，都有一种如临深渊、如履薄冰的感觉。"

高展说："昆总，我非常理解您的感受，这也是作为一个企业家最大的痛苦。很多时候你必须在信息不完整、状况不确定的条件下作出决策，你就是再痛苦、再艰难也必须硬着头皮拍板，这也是作为企业的掌门人必须要承受的压力。"

"高老师，您真是太理解我了。"昆鹏意味深长地点了点头。

"我们再来统计第二种人，认为自己是后知后觉的，请举手。"

现场大部分人举起了手。

"谢谢，请放下。最后一个问题，认为自己属于不知不觉的，请举手！"

几名学员犹豫地举起手，又很快放了下来。

高展停顿片刻，又问了一遍：

"真的没有人觉得自己不知不觉吗？"

现场笑声一片。

"大家别笑哈。在座的各位不是集团高管，就是经理主管，我要提醒你们：作为企业的管理者，如果做不到先知先觉，至少要做到后知后觉。如果你觉得自己不知不觉，只能说明你是在混日子，这类员工虽然在每个企业都有，但我希望今天在座的同学没有混日子的。

现在提个更有挑战性的问题：你们想不想从后知后觉变成先知先觉，像昆总那样？"

"老板可不是那么容易当的，我看还是算了吧。"鲍远作出反应。

"不容易不代表不可能。我刚才讲过，预算是用数字的形式对企业下一个财年的经营活动进行预测和推演，确定我们明年的经营目标，将企业内部的人、财、物等各种资源提前配置到位，然后大家按照经营计划分头执行。从这层意义上来看，预算是不是一个可以帮助我们从后知后觉变成先知先觉的工具？"

"听起来应该是。但是我们集团的预算不太靠谱，还做不到先知先觉，明年要怎样做才能实现您说的这个转变呢？"袁华的提问一针见血。

"只要做到这三点就可以。"

高展打开下一张幻灯片，出现以下文字。

→ 冷静客观地面对现实，克服思考的盲点，培养先见之明；

→ 快速的执行力和应变能力；

→ 在计划执行过程中，不断检查数字背后的假设，保持平衡计划与变化之间落差的弹性。

预算等于金科玉律吗

现场的学员们频频点头，看到大家的积极反馈，高展开始分享更多的案例。

"接下来介绍三种预算文化，希望大家通过对比分析作出判断，看哪种文化更适合我们 LX 集团。

第一种文化是把预算当作金科玉律。大家听说过美国艾默生集团吗？这是一家世界 500 强企业，也是一家跨国公司，它在全球 150 个国家设有自己的生产厂，业务范围涵盖自动化设备、电信基础设施、网络资源、空调等多个领域，曾经创造出连续 48 年净资产收益率年均增长 11% 的业绩，曾被美国的《财富》杂志评为'全美最受赞赏企业'电子类第二名。艾默生集团是如何做到将优秀业绩保持这么久的呢？

首先，艾默生集团的策略是不追求 30% ~ 40% 的高增长率，而是专注于那些拥有足够的市场规模、相对成熟稳定的产品和业务。在这些领域，他们可以充分发挥自己的核心竞争力。其次，就是艾默生集团牢不可破的预算管理制度，在艾默生眼里，预算神圣不可侵犯。艾默生的管理团队在制定经营目标时通常会为自己的业务单元预留一定的空间，这一做法使得他们一般不会因为一些外在的突发变故和不测事件，破坏目标必达的优良传统，这种如铁一般的纪律与共识，使他们总是能够克服总体经济环境下的不利因素，让各项业绩指标长期稳定地增长。这种预算文化使艾默生集团的市值在相当长的时间内一直保持在较高的水平上。"

高展突然将话锋一转：

"但是，任何事一旦做得过了头，负面影响就会接踵而来，大家觉得艾默生集团的这种预算文化有没有副作用？"

"如果每个人在制定目标时都给自己留有余地，那预算会不会变成员工和老板讨价还价的工具？"樊星反问道。

"樊总提到的这个问题确实存在，而且讨价还价现象在跨国公司预算编制过程中还挺普遍的。"

"如果实在完不成预算指标,管理层有可能会通过财务造假的方式粉饰业绩欺骗股东。"焦燕也作出了反馈。

"是的,确实出现过这类会计丑闻。大家还记得 2000 年安然公司破产的案例吗？安然公司是美国的能源巨头,他们就是因为完不成业绩指标而采取了一系列舞弊手段虚增收入,粉饰财务报表,后来被美国证券委员会起诉,最后破产清算的。"

预算等于不做计划吗

"我们再来看看第二种预算文化:计划就是不做计划。我再讲一个阿里巴巴的例子,马云在创业初期,为了筹措资金,曾向不少风险资本和私募基金提交自己的经营预测和财务预算,但因为当时的电子商务市场变化太快,计划实在赶不上变化,马云发现,所有这些计划都是纸上谈兵,没什么实际用途。所以,他在和别人分享自己的创业经验时说过:阿里巴巴成功的一个重要因素就是不做计划。你们同意这种观点吗？"

"好像挺有道理。"

"我不太认同。"

……

看到现场学员的反应各不相同,高展反问道:

"请大家换位思考,如果你是风险资本和私募基金的普通合伙人,有家创业企业想让你的基金公司去投资它但是创始人告诉你他无法向你们提供他们公司的经营计划书和财务预测,也就是说,无法用数字解释他们的商业模式,你敢不敢把钱投给这样的企业？"

"不敢！"

"所以,马云的说法站不住脚。我猜测,马云的意思大概是想强调,在瞬息万变的市场环境下,企业不能一味地迷信计划,要保持弹性应变的能力,这才是互联网行业的生存之道。"

预算等于 70% 方案吗

"最后跟大家分享第三种预算文化：预算就是 70% 方案吗？再讲一个案例：有位将军被派往索马里负责部队在那里的人道救援计划，这个单纯的人道救援计划因为受到索马里当地军阀不断的游击战骚扰而变得复杂无比。严酷的现实让这位将军深切地体会到，在战场上，计划的确赶不上变化，而且这种变化往往生死攸关，命悬一线。

"在高度不确定的情况下，他要求部队奉行'70% 方案'：如果你掌握了 70% 的信息，做了 70% 的分析，觉得有 70% 的把握，那么就应该立即展开行动。逻辑很简单：一个不完美的方案，如果能够迅速地执行，你还有成功的机会，不行动就一点机会也没有，最糟糕的情况就是不做决策！在战场上，待在原地就是等着挨打，如果你开始行动，你就是在改变游戏规则。

"很多年以前，我从电视上看到北京国美电器有限公司（以下简称国美电器）董事长黄光裕接受记者采访，他的一番话给我留下了深刻的印象，他说：'我做事的习惯是，方向一旦确定，大概想好，应该有三分把握，我就敢去做，而且我是要求速度的，尽快实施。我不会花三个月来谋划，把计划书上的每一个标点符号都改清楚了，再去做这件事情。我是边实施边修正，中途放弃的事不能说一点没有，但是在重要的事情上，要让我放弃可以说非常难。'请大家想一想，一个企业是否可以一直采用这种低预见力的方式来经营呢？"

"不可以！"现场的学员们齐声回答。

"看看今天的国美电器，黄光裕已经为他的'30% 方案'付出惨重代价。三种预算文化分享完了，大家觉得哪一种文化更适合咱们 LX 集团呢？"

"70% 方案吧。"部分学员反馈道。

"我个人也认为'70% 方案'比较适合 LX 集团。最后，我要再次强调，没有任何一个企业能够拥有完美的先见之明，即使是经营规划和预算管理十分健全的企业，对未来的预测也只能做到 70% 的准确度。预算编制的核心精神，并不是要求我们做出完美的预测，而是要求我们具备平衡计划与变化落差的应变能力。编制一大堆繁杂的预算文件和报表并不困难，困难的是我们必须持续不断地监控和检查预算数字背后的假设，根据实际情况的变化及时调整经营策略，快速落实行动方案。最后请允许我再强调一下：建立在错误假设之上的计划，只不过是一堆废纸。"

…………

17：30，高展结束了长达七个多小时的授课，学员们似乎仍意犹未尽，于是，提问和答疑环节又持续了两个多小时。当大家走出会议室时，头顶上已是满天星斗。

在最后一趟回京的高铁上，高展匆匆用过晚餐后，很快进入了梦乡。他并未意识到，一场更大的挑战正等待着他和 TY 财税的咨询顾问团队。

第二章

预算的依据——战略规划之旅

TY 财税团队进驻现场

10 月 19 日下午，随着风驰电掣的高铁缓缓停靠在 QD 北站，高展一行四人拖着拉杆箱款款走来。上周三，高展在给 LX 集团的管理团队完成"全面预算管理"培训回京后，周五就接到了焦燕的电话，通知他说 LX 集团的领导班子听完他的课程之后决定与 TY 财税进行深度合作，希望 TY 财税能够派出一支专家团队进驻 LX 集团的公司现场，指导并协助他们的管理团队完成下一个财年的经营计划和财务预算。经过两天的磋商，双方很快就这次咨询服务的范围、实施周期和费用达成一致并签订了合作协议。和以前做过的咨询项目不同，这个项目的时间非常紧，年底前必须完成。所以，TY 财税派出了最强阵容，把能够腾出时间的顾问都派来了。与高展同行的项目组成员包括运营顾问钱锋、财税顾问万慧和 IT 顾问乔智，这三个人都是实战经验丰富的咨询顾问，曾经参与过 TY 财税不同的咨询项目。由于 LX 集团是 TY 财税的新客户，双方又是第一次合作，每个人都打起了十二分精神。

"高老师，各位老师，欢迎欢迎！我们从这边走吧。"焦燕和郁梅已在出站口等候。面包车很快开到了 LX 集团的办公楼前，焦燕和郁梅陪着高展一行人直接来到了昆鹏的办公室。

"高老师，很高兴我们能够深入合作。上周三听了您的课之后，大家的反馈很好，深受启发，希望通过这个项目能够帮助我们把您上次讲的内容进一步落地。今年的预算就拜托各位老师了，需要我们集团这边支持和配合的，可以告诉焦燕和郁梅。"在肖丽给大家倒茶的同时，昆鹏与高展开始了简短的沟通。

"昆总，非常感谢您的信任，对这个项目我们一定全力以赴！让我先来介绍我们项目组的成员：钱锋老师曾在世界500强企业担任运营总监，在企业供应链管理方面拥有丰富的经验；万慧老师曾是一家大型国有企业的总会计师，对成本核算与内部控制具有独到见解，之前她还在一家外企担任过人力资源总监；乔智很年轻，是个'90后'，曾是QH大学的学霸，虽然加入我们公司的时间不长，但他在数据分析和处理方面非常优秀，我们公司咨询项目只要是涉及数据分析、建模的工作都离不开他，大家都叫他数据达人。"随着高展的介绍，昆鹏与项目组成员一一握手。

高展马上言归正传："昆总，我们是不是先商量一下这个项目的筹备工作？首先要成立一个联合项目组。TY财税这边，由我牵头；我不在现场时，钱锋老师作为项目的执行经理代替我全权负责这个项目。希望LX集团这边也任命一位项目经理来跟我们对接，鉴于这个职位的重要性，我建议从集团的高管中挑选一位熟悉公司运营流程，协调能力、抗压能力都非常强的人。因为这个项目的时间特别紧，按照您的要求，年底前必须完成。从现在开始计算只有两个多月的时间了，各经营实体和责任中心的负责人都必须作为项目组的成员参与进来，只有大家全力以赴，紧密配合，我们才能按时完成交付。在接下来的这段时间里，所有项目组的成员必须疯狂工作，要把平时4到5个月的工作压缩到这两个多月来完成。在项目启动大会上，建议您先给大家打个预防针，接下来任务艰巨，让大家有个思想准备。"

"好的，我们这边的项目经理就由焦燕来担任吧。她是您的学生，对集团的业务和流程的了解比较全面；郁梅负责协调项目资源，让采购中心的米航、运营中心的袁华和研发中心的闫飞都参与进来；销售公司的樊星和生产厂的鲍远也加入这个项目组，我作为项目组甲方的负责人，焦燕作为执行经理。您看这样安排可以吗？"昆鹏很快作出了决定。

"没问题。"高展做了个 OK 的手势。

"这个项目的时间确实比较紧，但你们也不用太担心，我们一定会尽全力配合你们的工作。LX 集团的员工对企业的忠诚度还是非常高的，每年销售旺季到来时，几乎所有的人都要加班加点，大家从未有过怨言。"昆鹏的话让高展及其团队成员稍感宽慰。

"我早就听说咱们山东的员工特别敬业，工作任劳任怨，从不计较个人得失。"钱锋伸出了大拇指。

"项目组的工作地点也已经安排好了，就在我隔壁的小会议室，作为你们的临时办公室，遇到什么问题需要我协调的，你们可以随时过来找我。肖丽，你一会儿发个通知给所有上次听过高老师讲课的员工，明天上午 9：00 在大会议室召开集团全面预算管理项目启动大会，让他们准时参会，没有特殊理由不许请假。"昆鹏开始布置工作。

"好的。"肖丽用手机飞快地记录下来。

"郁梅，你先安排几位老师去集团招待所住下来，然后参观工厂，晚上我和集团的班子成员在 QL 大酒店为你们接风。高老师，上次您过来培训，连晚饭都没来得及吃，真是不好意思，实在有违我们山东人的待客之道。今天晚上咱们好好喝几杯，算是给老兄赔罪吧。"昆鹏真诚的笑容里带着一丝愧色。

"昆总，大家都是自己人了，不用客气。"

在招待所安顿下来之后，项目组成员做了相应的分工：高展负责对销售公司进行访谈；钱锋负责生产厂、研发中心和采购中心的访谈；万慧负责财务中心、人力资源与行政管理中心的访谈；乔智负责配合他们三人搜集相关的业务数据，进行初步的分析整理。

晚上，昆鹏和 LX 集团的管理团队为 TY 财税的顾问团队接风。席间，樊星告诉钱锋：

"你们来，昆总敢请你们在这家酒店吃饭。但我们最大的美国客户来 RS 的时候，我们只能请他们吃比萨或者汉堡。"

"为什么？老外不喜欢吃鲁菜吗？"乔智好奇地问道。

"不是，是怕他们看到我们吃得这么好，会要求我们的电机降价。"

大家会心地笑了。

"他们这么做是有道理的，很多跨国公司都是这样，他觉得你花的钱不是你们一家企业的成本，而是整条供应链的成本。"高展的解释让大家频频点头。

简捷务实的项目启动会

10月20日上午9点整，在LX集团的大会议室，项目组成员济济一堂，全面预算管理项目正式启动。没有华丽的会场布置，也没有豪言壮语般的标语口号，项目启动会简捷而务实。

昆鹏首先致辞：

"上周三，TY财税的高老师在这里给我们做了一天非常精彩的培训，对于LX集团在推行全面预算管理工作中困扰我们的许多问题：比如为什么预算，谁来做预算，预算在企业发展不同阶段的重要作用，如何让计划赶上变化，如何建立适应企业实际情况的预算文化等，高老师都给出了清晰的答案，让我们在预算管理的理念上统一了思想，端正了认识；对于LX集团在预算编制和执行过程中遇到的实际问题，高老师也通过答疑的方式给出了一些解决思路。但因为上一次时间有限，大家提出的问题不可能通过一天的培训全部得到解决，所以，集团领导班子决定，明年的经营计划和预算编制工作，我们将引进TY财税的几位老师作为外援辅导，与大家一起完成，帮我们把集团全面预算管理的质量和水平提升到一个新的高度。

TY财税在全面预算管理领域非常专业，几位老师都具有丰富的预算管理项目的实施经验，有的来自世界500强企业，有的来自国内知名的国有企业，他们都是在这个领域工作多年的专业人士。上次高老师给我们讲完课之后，很多人向我反映，高老师讲的内容特别接地气，很受启发，一天的培训时间安排实在太短了。现在我花重金把高老师和他的顾问团队请来了，大家要好好珍惜这个难得的学习机会，充分利用这两个多月的宝贵时间，多向各位老师请教。我希望通过这个项目，我们 LX 集团的预算管理水平能够更上一层楼，同时，你们每个人也都学有所获。我就讲这么多，下面请高老师讲话。"

在热烈的掌声中，高展开始发言：

"大家好，很荣幸有机会和咱们 LX 集团的各位精英合作。这个项目时间紧，任务重。在接下来的两个多月里，我们 TY 财税的顾问团队将引导大家对 LX 集团的预算管理体系做一次全面、系统的梳理，这需要大家强有力的支持和配合。在接下来的这段时间，大家会比较辛苦，除了要完成集团的日常工作，还要按照我们顾问老师的要求，准备各种数据、报表和资料。我们的顾问老师将和你们一起对这些数据和信息进行分析和整理，一边发现问题，一边寻找解决方案。大家不太可能按时上下班了，甚至暂时不会有周末了，希望大家提前做好思想准备。

接下来，请允许我简单布置一下工作：一会儿乔智老师会在现场建立微信群，把大家都拉进来，稍后我们会把这两个半月的项目工作安排时间表发给大家，大家看过之后有什么问题，可以随时在群里沟通。我们项目组的分工如下：我负责销售预算和投融资预算；钱锋老师负责生产、研发、采购和库存预算；万慧老师负责费用预算和人力资源成本预算；乔智老师负责数据搜集、整理和分析。

跟去年预算不同的是，今年的预算编制将按照我上次培训时所讲的方法分四个步骤进行：战略—计划—预算—绩效管理。虽然时间特别紧张，但是，为了让全面预算管理体系能够在我们集团真正落地，这四个步骤一步也不能少。我相信：只要大家齐心协力，密切配合，我们的项目目标就一定能够实现，就像昆总刚才讲的那样：通过这个项目，让 LX 集团的全面预算管理更上一层楼。让我们大家一起加油吧！"

高展的话音刚落，热烈的掌声再次响起来。

别让规划成"鬼话"

经过几天紧张的访谈工作，TY财税的顾问团队基本上摸清了各经营实体和责任中心的大概情况。按照项目工作进度表的安排，高展要在26日下午给LX集团的管理团队做一场关于企业战略规划的专题培训。为了让这次"培训＋辅导"活动取得预期的效果，这几天高展在白天做完访谈后，每天晚上都要花大量的时间对顾问团队当天搜集的信息进行分析、加工和整理，并结合LX集团的实际情况定制讲义。钱锋、万慧、乔智则在焦燕和LX集团财务团队的配合下，开始紧锣密鼓地准备预算编制模板，并对去年的预算编制指南进行修改和更新。短短几天内要同时完成这么多工作，顾问们都铆足了劲，几乎每天都是在天快亮时才回招待所休息。

10月26日上午9：00，TY财税的顾问团队和LX集团的管理团队及业务骨干聚集在总部大会议室，在高展的引导下，开始了一场战略规划之旅。

"今天，我们一起来制定LX集团的战略规划。一听到'战略'这个词，可能会有人觉得这是一个挺虚的概念，因为在目前的大多数中国企业中，战略似乎都是老板的事情，属于诗和远方。其实，战略关系一个企业的生存和发展，它和我们每个人都息息相关。

首先，让我们来看看战略的定义，关于战略的定义有很多，我比较认同的是美国加州圣地亚哥国际大学教授伊戈尔·安索夫的定义。安索夫教授是公司战略管理的理论家，他首次提出了公司战略、战略管理和企业竞争优势的概念，是战略规划系统理论，以及把战略管理与经营环境联系起来的权变理论的奠基人。

安索夫教授对战略的定义是：'企业为谋求长期生存和持续发展，在对外部环境和内在资源条件分析研究的基础上，对企业的经营方向、目标、商业模式、实施步骤作出的总体性谋划。'

根据这一定义，大家不难发现，战略主要解决两个问题：第一个是长期生存，也就是企业如何活下去；第二个是持续发展，也就是企业如何活得好。这两个问题听起来很简单，但真正能够把这两个问题都解决得比较好的企业并不多，特别是这三年，许多企业，包括我们 TY 财税的一些客户，都因为活不下去而关门了。所以，能够活下来已经很不容易了，而要想活得好似乎难度更大。"

"确实是这样。我们 LX 集团这几年的业务也开始下滑，其实，这个趋势在 2020 年之前就已经出现了。"昆鹏率先作出了反馈。

"谢谢昆总。接下来，我的问题是：大家觉得我们企业今天所遇到的问题都是由于经济下行和疫情造成的吗？"高展开启了互动模式。

"不完全是。"一部分学员回应道。

"好的，再问大家一个问题，古往今来，为什么在经济繁荣的时候也会有公司倒闭，而在大萧条的时候有些企业依然能够交出漂亮的成绩单？"

"可能是因为这些企业有先见之明吧？他们在大萧条到来之前就完成了转型。"樊星回答。

"谢谢樊总还记得我上次讲的内容！记得我上次还说过，没有任何一个企业能够拥有完美的先见之明，即使是预算规划十分健全的企业，对未来的预测也只能达到 70% 的准确度；而我们中国的一些企业家，有三成的把握就敢拍板。所以，有人说：中国企业的经营目标都是通过'三拍'流程定下来的，老板拍脑袋：'我说了算，就这么定了。'员工拍胸脯：'包在我身上，保证完成任务。'好像世界尽在掌握。等到秋后算账绩效评价的时候，发现年初定的目标根本就不靠谱，大家再一起拍大腿后悔。这样的'三拍'流程不是战略规划，而是一堆'鬼话'。"

学员们笑作一团。

为什么"三拍"流程不靠谱

高展继续引导："其实，明年你们能够完成多少业绩，赚多少钱，甚至赚不赚钱，这些问题不应该去问老板，而是应该去向客户和竞争对手要答案，是客户的需求量和市场竞争的激烈程度决定了你们下一年的销售规模和盈利。比如，根据今年的宏观经济形势，明年电机行业的市场增量有多大？我们集团能够获得多少行业增量带来的红利？换句话说，我们能够分到多大的一块蛋糕？竞争对手是否会让我们顺利地吃下这块蛋糕？他们会采取哪些竞争手段从我们手里分抢这块蛋糕？

这些问题的答案应该通过运用一系列专业化的战略规划工具推导出来。以前我在跨国公司工作时，在每年的下半年，我们大中华区的管理团队都会使用这套战略规划流程对下一年的经营计划进行推演，选择最佳方案，制定相应的经营目标和行动计划，这套流程虽然不一定100%地适合LX集团，但是，'他山之石，可以攻玉'，其中的一些工具对于我们制定明年的经营计划和财务预算还是有一定借鉴作用的。

记得我以前在H集团A事业部担任大中华区财务总监时，每年8月下旬，我们大中华区的总裁会把我们事业部整个管理团队拉到外面去，找一个度假村'闭关'一周，大家静下心来专门研讨和推演下一年的经营方案。大家是不是感觉有点奇怪？为什么非要找个度假村去做这件事？难道不能在公司里完成吗？"

"在公司里更容易受到干扰吧？"袁华回应道。

"没错，和咱们LX集团的情况一样，H集团的管理团队每个人都很忙，如果在公司里连续开几天会，肯定会经常受到日常工作的干扰。比如，一会儿你的下属过来找你签个字，过一会儿又有员工找你请示。如果你一天到晚经常处于这种'救火'状态，还有心思考虑明年的事情吗？所以，在'闭关'之前，总裁通常会要求我们提前把下一周的工作安排好，尽量不受干扰地在度假村这个相对安静的环境里集中精力完成下一年的战略规划。

另外，请大家注意，H集团战略规划的启动时间是每年的8月下旬，不是第四季度，这是因为跨国公司的经营计划往往要经过自下而上、自上而下若干轮的沟通和讨论才能确定下来。虽然启动的时间比国内提前了一个多月，但等到我们大中华区与亚太区就经营业绩指标最终达成一致时，通常已经是下一年的一月中旬了。这个讨价还价的过程是不是有点长啊？之所以投入这么多的时间和精力，主要是基于群策群力的原则。这一流程强调：明年的目标不是老板强加给你的，而是管理团队通过战略规划和经营模拟与推演达成共识后作出的选择，也是管理团队对股东做出的业绩承诺。

有些公司到了 12 月份才开始启动预算编制流程，总部与各业务板块之间缺少足够的时间进行沟通和磋商，最后只能靠一把手'拍脑袋'来确定下一年的经营目标，甚至有人觉得预算编制很容易，老板在 12 月初下达指标，财务加几天班就能完成，这种缺乏沟通的预算到最后只能沦为一场数字游戏。

还有，虽然开会的地点在度假村，但这一周可绝对不是度假，甚至比平时在公司里还累。整个管理团队始终处于一种高度紧张的状态，每天研讨的时间都长达 10 小时以上。白天开会，晚上各业务板块的管理团队要根据白天的研讨结果制定下一年的经营目标与行动方案，第二天在会上展示，然后再根据事业部总裁和其他同事的反馈进行修改。大家猜猜看，在这一周，最累的人是谁?"

"肯定是财务总监。"焦燕似乎感同身受。

"没错，最累的就是我和我的团队，白天的会议我们肯定要参加，晚饭后我和几位财务主管要分头去参加每个业务板块的研讨会，协助管理团队把他们的经营计划变成数据和报表，然后收集到我这里进行汇总整理。第二天早上，我要先把昨天晚上汇总的各个板块的数据向所有的人展示，让大家知道加总之后的预测金额离亚太区对我们大中华区的期望值还有多大的差距。在我分享完这些信息之后，每个板块的负责人要分别对他们的经营目标和预算依据作出解释和说明，大家一起讨论并提出建议，晚上他们根据反馈和建议再次调整和修改自己的经营计划及预算数字，当天夜里再汇总到我这里⋯⋯这一周我们财务团队每天晚上大概只能睡 3 ~ 4 个小时，等一周的会议结束时，每个人的体重都会减掉几公斤，也算是个意外收获吧。"

会场里爆发出一阵笑声。高展继续：

"虽然很累，但我们觉得这一周的投入还是非常值得的，因为经过几轮的讨论和沟通，各业务板块和大中华区总部之间对明年的市场竞争和运营方案至少达成了一个初步的共识，拟定的战略目标和经营计划不是靠一把手'拍脑袋'拍出来的，而是基于对外部环境和自身能力与资源的理性分析推演出来的。"

集体决策、个人负责与个人决策、集体负责

听到这里，袁华举手问道：

"高老师，你们下了这么大功夫制订的预算应该比较准确了吧？"

"还真不一定。有一本书的名字叫作《你有你的计划，世界另有计划》，记得我上次过来培训时强调过，即使是经营规划和预算管理十分健全的企业，对未来的预测也只能做到70%的准确度。外企也不例外。"

"那如果到了绩效评价的时候，实际完成情况同预定的目标相差太远，谁来承担责任？绩效奖金又怎么兑现呢？"郁梅接着问道。

"郁总提的这个问题，实际上涉及两种不同的决策机制和企业文化。根据我的从业经历，外企通常是集体决策，个人负责。经营计划和预算的编制一定是群策群力、集体决策的过程。管理团队的每个成员都必须参与进来，不是由老板一个人说了算。既然明年的目标是经过大家反复研讨确定的，它代表了管理团队对未来的共同认知和业绩承诺，因此在这种机制下的预算带有刚性约束的特点。到了绩效评价的时候，如果当初承诺的目标没有达成，奖金只能按目标实际完成的百分比兑现，而具体到责任追究，通常是由老板承担。不知道大家注意没有，跨国公司在业绩滑坡时，往往会把首席执行官炒掉，就像一支足球队战绩不佳，俱乐部首先考虑的是更换教练。

而我们中国大部分企业刚好相反，我们是个人决策，集体负责。决策时老板拍脑袋，下属拍胸脯。如果目标没有达成，老板一般会这样说：'不是我的决策失误，而是你们执行得不到位。'责任由管理团队共同承担，这种个人决策，集体负责的机制，最后一定是法不责众，没有人为业绩不达标而担责。外企可以把首席执行官炒掉，咱们国内的企业不可能把整个管理团队都炒掉。大家觉得哪种机制比较合理呢？"

高展的提问似乎有些敏感，现场无人反馈。昆鹏主动打破了尴尬：

"怎么没人说话了？大家不要有顾虑嘛，今天开这个会就是让你们畅所

欲言的。我来回答高老师的问题吧，我认为，还是集体决策，个人负责比较合理。"

"那倒不一定。"没想到高展否定了昆鹏的看法，"虽然我在国内与国外的企业都打过工，但我并不觉得外企的机制就一定优于我们国内企业。两种机制哪种更合理，主要看企业处于生命周期的哪个阶段。在创业期，一定是个人决策，集体负责。在这个阶段，企业首先要解决活下来的问题，创始人作为带头人，很多时候必须在信息不完整、状况不确定的条件下作出决策。我上次讲过，作为掌门人，你就是再痛苦、再艰难也要硬着头皮拍板。如果每件事都等集体表决通过了再干，可能黄花菜都凉了。

自改革开放以来，中国的大部分民营企业是靠个人决策、集体负责在市场上获得一席之地的。我们不能否认，这些企业的成功和企业家个人的智慧与雄才大略是分不开的。联想的成功离不开柳传志，海尔的成功离不开张瑞敏，TCL 的成功离不开李东生，LX 集团的成功离不开昆总。"

"高老师过奖了，我是无法跟这些优秀企业家相提并论的。LX 集团能做到今天的规模也是大家共同努力奋斗的结果。"昆鹏的脸上泛起一丝红晕。

"昆总说得好。我的问题是当 LX 集团发展到今天的规模，产品从最初的两三个系列发展到现在的几十个系列，营业额从 20 年前的几千万元增长到现在每年 10 多亿元。在目前的状况下，个人决策、集体负责这种机制仍然适合我们集团吗？"

"应该不太适合了。"袁华回应道："高老师，我有个疑问，您刚才介绍的跨国公司集体决策的机制，让每个业务板块的高管自己制定目标，这样的预算可能会趋于保守吧？而且集体决策会不会影响企业的运营效率呢？"

"袁总的问题非常好。首先，集体决策不是一个最好的决策机制，而且您所担心的问题也是确实存在的，这种机制很容易把预算的编制过程变成一个讨价还价的过程。但我认为，相对来说它是一种风险最小的决策。因为每个人在选择目标时，一定会充分考虑风险和困难，给自己制定一个相对保守和容易完成的目标。所以，跨国公司一般会把目标分别设定为底线、进取和挑战三个档次，激励员工向更高的业绩冲刺。

其实，两种决策机制各有利弊，一个人说了算的好处是决策效率高，企业可以集中力量办大事，如果决策正确，能够创造辉煌的业绩。风险是决策者不能出错，一旦出了一个昏招，可能会给企业带来灭顶之灾，就像我们在大学参加期末考试，如果发挥出色，可能会取得90多分的优异成绩。但如果发挥失常，也可能不及格。而集体决策很难达到90分的水平，但也不会过不了及格线，基本维持在70～80分的水平线上。不知道大家更喜欢哪一种？我在大学读书的时候更趋向于第二种，各门功课的成绩都是在70～80分。如果把目标定在90分以上，我又感觉复习所花的时间太多了，因为过了90分这道坎，每提高一分，你都要付出比别人更多的时间和精力，从投入产出的角度来看，好像不太值。所以我认为，一个企业的决策水平如果能够一直保持在70～80分，已经很不容易了。"

现场的学员们有人微笑，有人频频点头。

这个世界的明天会好吗

高展打开一张新的幻灯片：

"接下来，我就带着大家体验战略规划八'步'曲。在体验的过程中，会涉及一些电机行业和我们集团的信息，乔智老师协助我把大家的发言要点记录下来，后面我们在讨论明年的战略目标时会用到这些信息。

"战略规划的第一步是看宏观，又称经营环境分析，我们通常会使用一个 PEST 模型来分析企业所处的宏观环境。一般会从政治（Political）、经济（Economic）、社会（Social）和技术（Technological）分析影响公司运营的外部环境因素（PEST 模型如图 2-1 所示）。

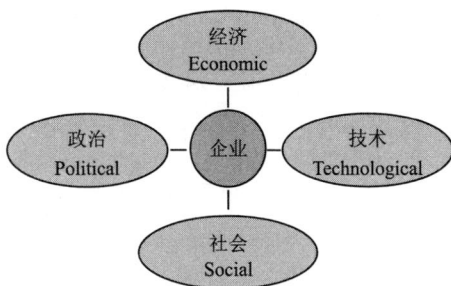

图 2-1　PEST 模型

"我们先来看一看政治环境，政治环境分析主要包括两个方面：一是国际环境因素；二是国内环境因素。作为一家外向型企业，LX 集团每年的销售收入大概有 1/3 来自海外，应该对国际环境比较敏感，大家觉得明年会变得更好吗？"

"我看不乐观。这两年由于国际环境的变化，使我们集团的业务受到非常大的影响。在集团的年销售额中，外销占比接近 1/3，而在外销总额中，对美国市场的销售比例就占了 80%。2016 年之前，美国对从中国出口到美国的电机只征收 5% 的关税，而在 2016 年之后，税率加征到了 25%，导致我们的出口成本大幅度增加。这几年我们对美国的出口额减少了 30%，估计明年还会进一步下降。"樊星叹了一口气。

"谢谢樊总的反馈！"高展点评道："作为一家外向型企业的高管，大家应该注意培养自己的国际化视野，既要低头拉车，也要抬头看路。对明年的全球经济形势，我倒是比樊总稍微乐观一些。因为中国在全球供应链中的地位在相当长的一段时间内依然是不可替代的。"

看得见的手能否主导世界

"再来看看国内的环境好吗？国内环境因素主要包括国家的产业政策、税收政策和法律制度。我们常说：办企业一定要听党的话，跟着趋势走。大家认为当下的国家意志是什么？具体来说，哪些产业更能享受到政策红利？电机行业在我们国家算不算朝阳产业？"高展继续提问。

"应该算吧。"昆鹏回应道:"电机这种产品的应用范围非常广泛,包括电气传动、信息处理、交通运输、家用电器、消费电子、国防等七大领域,可以说,只要是有物体运动的地方就有电机。我们 LX 集团的客户,涵盖石化、矿山开采、交通和家电等行业,这些行业都是中国经济的支柱产业,对实现'中国制造2025 发展规划'具有重要意义。

从全球电机行业的分工来看,欧美发达国家是电机的技术研发区,以中国为代表的发展中国家是电机制造区。从 2000 年开始,发达国家将电机生产基地逐步向发展中国家转移,中国、美国、欧盟占据全球机电市场近八成产量,虽然我们的产量在全球排名第一,但在电机技术的研发方面,与欧美发达国家相比,还有很大的差距。

这些年,政府为了加强国内企业的自主研发和创新能力,出台了一系列产业扶持和税收优惠政策,尤其是对那些被西方国家卡脖子的关键技术和进口替代产品,政府的扶持力度还是蛮大的。比如,对于生产制造企业每年研发投入的费用可以按 200% 抵减税前利润。我们集团每年的研发投入大概 5000 万元,一直在享受这项税收政策的红利。"

高展接过话题:"昆总分享的信息让我想起了一个问题,自从中国加入 WTO (World Trade Organization,以下简称 WTO)之后,好像有相当长的一段时间,我们不提'进口替代'这个词了,为什么这几年又重新提到议事日程上来了呢?

最近,台积电总裁张忠谋说过一句话'全球化已死!'我们曾经天真地以为,世界已经变成一个地球村了,资源互补、合作共赢对所有人都是最佳选择。所以,对那些发达国家已经研制出来的成熟技术,我们觉得没有必要再重新开发了。但是,现在的局面是,有一只看得见的手取代了市场这只看不见的手,这只看得见的手就是美国的霸权主义。

为了摆脱对美国和西方的技术与市场的过度依赖,中国开始构建双循环经济体系,这几年还加大了对'专、精、特、新'企业的扶持力度。除了昆总刚才提到的税收政策红利之外,还有一个对 LX 集团来说应该是更为重要的政策红利,那就是 2021 年 9 月上线的北京证券交易所(以下简称北交所)。

LX 集团已在'新三板'挂牌 6 年，虽然目前还在基础层，根据今年的业绩预测，估计明年可进入创新层。一旦我们的业绩达到相应的标准，就可以直接申请在北交所挂牌，成为一家名副其实的上市公司，不必再像从前那样，等进入精选层之后再通过转板完成上市。另外，北交所的上市门槛比较低，审核时间也比创业板和科创板更短。"

听到这里，许多员工的眼里放出了光彩。

利空出尽是利好

高展引入下一个议题："政治环境我们讨论得差不多了，下面再来看看经济环境吧。经济环境因素主要包括：GDP（Gross Domestic Product，国内生产总值）、利率水平、政府的财政货币政策、通货膨胀、失业率、汇率、能源供给、成本和市场需求等。简单来说，在经济大潮中，你要看到哪里潮起，哪里潮落。请大家围绕这几个因素讨论。"

"经济环境应该很不乐观吧？根据刚刚公布的数据，今年第三季度 GDP 的增长率仅为 3.9%，估计第四季度也不会有什么起色。我听到有一种说法，今年是过去 10 年来经济表现最差的一年，却可能是未来 10 年最好的一年。"袁华首先发言。

"是啊，GDP 下降了，但 PPI（Producer Price Index，生产者物价指数，简称 PPI）却连创新高，大宗商品和原材料的价格普遍上涨，能源供应紧张，这些因素也影响到我们集团。最近三个月，几家主要原材料和配件的供应商都提高了供货价格，以前是他们追着我们要订单，我们有议价空间。但是，从下半年开始，他们接的订单多了，价格稍微低一点的订单都不愿意接了，甚至直接拒绝，搞得我们这几个月的采购成本直线上升。"米航补充道。

高展进一步引导："其实，经济减速的趋势在 2020 年之前就已经开始了，根据我个人的判断，今年很可能是经济探底的一年，俗话说得好，'利空出尽是利好'，预计明年的经济增长应该会有所回升。对电机行业来说，经济减速换档期通常也是产业结构的调整期，一些老产品、老企业将会慢慢退出市场，同时也会有一批新的产品和企业横空出世，取而代之，这个过程既是破也是立，既有风险也有机会。办企业从来就不是一件容易的事，必须承担环境改变带来的痛苦。既然生活在这个大的经济周期里，我们只能强迫自己适应周期的变化，就像电影《无间道》里所说的那样：'往往是事情改变了人，而不是人改变事情。'"

昆鹏拿起话筒："其实，在我们电机行业产业结构调整早就开始了。电机属于离散制造业，种类繁杂，功能单一，各种功能的电机之间没有数据接口，信息难以共享，系统集成的工作量非常大，导致运营维护的难度和成本都很高。目前业内 80% 以上的中小企业采用多品种、小批量、按订单生产的模式，整个行业基础技术研究薄弱，高端设备投入不足，智能化程度不高，大部分企业的工艺制造水平还处在工业 2.0 阶段。

这些年，随着通信技术的发展，电机控制系统出现了集成化和智能化的趋势。比如，我们家里使用的全自动洗衣机和自动窗帘就是将电机智能控制系统应用于日常生活的案例。智能化电机不仅比传统电机增加了更多的功能，而且更加节能和环保，出故障的概率和停机时间也比以前大大降低了。因此，智能化肯定是未来电机技术的发展趋势，而这方面恰恰是我们集团的短板，明年我们应该在智能化电机的研发和生产上投入更多的资源。"

节能减排：机遇还是挑战

"好的，我们再来看一看'PEST 模型'中的社会文化环境。一个企业不可能脱离特定的社会环境而生存，企业的使命除了要为客户创造价值外，还应该成为这个社会的好公民。社会环境因素主要包括企业所服务人群的年龄、规模、习俗、价值观、消费方式和消费水平等，大家觉得这些因素中哪些对我们明年的经营影响比较大？"高展提问道。

"影响最大的应该是消费方式吧！"一直没有发言的闫飞拿起了话筒："随着消费者环保意识的增强，节能减排已成为企业最基本的社会责任，'金山银山不如绿水青山。'中国对全世界作出了关于碳达峰和碳中和的承诺：在 2030 年之前二氧化碳排放量不增加，达到峰值后将缓慢减少；到 2060 年，通过植树造林、节能减排将完全抵消二氧化碳排放，实现碳中和。我认为，这两项国家级的战略目标将对电机行业产生深远的影响。"

"我同意闫飞的判断。随着全球能源危机的加剧，中国制造业的发展也受到来自能源方面的制约。电机是一种耗能极高的工业设备，我记得曾经从网络上看到过一组数据：目前我国电机的耗电总量大概占整个工业耗电量的 60% 左右，具有巨大的节能潜力。有专家计算过，如果把每年新增的电机更换成高效节能电机，每年可以节约电力超过 1000 亿千瓦时，相当于三峡电站全年的总发电量，同时还可以减少碳排放近亿吨。"袁华附议道。

"电机行业未来的发展方向肯定是高效、节能、环保。早在 2018 年底，国家发展改革委和环境保护部就联合发布了《工业节能"十三五"规划》和《"十三五"节能环保产业发展规划》，明确将电机系统节能列入重点节能的九大工程，要求企业全面采用节能电机来减少碳排放。目前，新型电机的应用方向已经扩展到 5G 基站、电动汽车、卫星航天飞机等领域。有人预言，这将是一个万亿级的大市场。"樊星补充道。

智能化是先驱变成"先烈"吗

"最后，让我们再来讨论技术环境，它的核心是通过行业技术发展趋势的方向来判断未来的行业动向，提早布局。大家觉得电机技术未来的发展趋势有哪些？我们应该如何布局？"高展开启了下一个话题。

"我刚才说了，发展趋势肯定是智能化电机。"昆鹏回答。

"我倒觉得，我们应该把有限的资源继续投入到直流变频技术的研发上，这种技术在家电领域的应用越来越广，消费者购买节能型家电还能获得国家的奖励和补贴，这说明直流变频技术的发展前景更好一些，而且在生产环节也更容易实现。比如，我们可以通过对电机系统进行节能改造，或者采用新工艺和新材料降低能耗，通过降低电磁能、热能和机械能的损耗来提高电机的使用效率。昆总说得没错，智能化电机肯定是未来的发展方向，但智能控制技术的研发是很花钱的，以我们集团目前的研发实力和财力难以承受，搞不好就会从先驱变成'先烈'。"鲍远提出了不同意见。

"我同意鲍总的意见，智能化电机属于尖端技术，研发周期长、投入资金大，回报比较慢。除了资金方面的问题，还有来自人才方面的限制。以我们研发中心目前的技术水平，很难胜任这种高精尖技术的研发。如果从外面招人，短时间内又很难招到合适的高级研发人员。"闫飞附议道。

"是的，我们人力资源中心每年都会去一些大学进行校园招聘，国内以前有几个大学的电机专业很有名，师资力量也很强，但每年能招到的学生并不多。过去那些名校根本看不起电机这个传统领域的技术，很少设置相关的专业。没想到这几年电机专业突然火了起来，现在不要说名校了，就是普通大学电机专业的毕业生，出来找工作也很有优势，而且对工资的要求都挺高。以前硕士、博士都不难招到的电机研发，现在的薪资标准高得离谱，博士 3 万元，硕士 2 万元，本科1.5 万元是正常薪水。懂电机驱动技术的工程师，本科学历且没做过什么项目的，也涨到两万元了。咱们 RS 市是四线城市，对高端技术人才缺乏吸引力，我们每年都要为完成集团的招聘指标犯愁。"郁梅补充道。

看到大家对昆鹏的想法纷纷表示质疑，高展赶忙及时疏导："大家提供的这些信息都很重要，我们会在战略规划后面的步骤中进行讨论，其实每个方案都利弊参半，现在是头脑风暴阶段，大家畅所欲言，先不要随便否定别人的观点。关于电机行业技术的发展趋势，其他同学还有没有什么需要补充的？"

"我觉得定制化也是一个重要趋势。我们生产的工业电机，主要客户是一些从事石油化工和采矿的上市公司和国有企业，从这几年接的订单来看，这些客户对产品定制化的要求越来越高，过去用同一款电机产品满足不同企业需求的日子已经一去不复返了，有些大客户甚至要求我们根据他们的使用场景提供整机系统控制、传感和驱动功能一体化的设计制造方案。唉，现在的客户真是越来越难伺候了。"樊星发出了一声长叹。

…………

大家各抒己见，畅所欲言，当经营环境分析告一段落，高展看了看手表，10：30，于是宣布休息15分钟。

用"五力图"研判竞争格局

10：45，随着学员们陆续回到会议室，高展打开了一张新的幻灯片。（五力图分析模型如图2-2所示）

"下面我们进入战略规划的第二步，看产业。关于产业环境分析，我们通常会使用美国的战略学者迈克尔·波特在20世纪80年代开发的一个工具'五力图'。

按照波特的观点，每个行业都存在五种基本的竞争力量，它们分别是：供应商的议价能力、客户的议价能力、潜在竞争者进入的能力、替代品的替代能力和行业内既有竞争者的竞争能力，这五种力量的状况和综合强度，决定行业竞争的激烈程度，五种力量的不同组合变化，也最终影响行业利润潜力的变化。

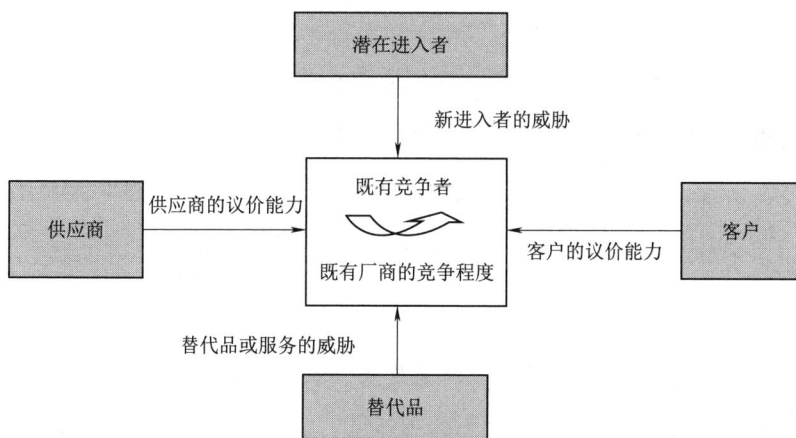

图2-2 五力图分析模型

通过对五种竞争力量的分析，可以帮助我们了解企业在行业中所面临的威胁和可能获得的利润。比如：如果一个企业上游的供应商和下游的客户议价能力都很强，那么可以预见，这家企业肯定活得很累，甚至很难维持下去。比如前些年中国的许多服装加工厂，上游是强大的布料生产厂，下游是强大的品牌服装商，这些服装厂几乎生存在夹缝之中，获利甚微。反之，如果一个企业上游的供应商和下游的客户讨价还价能力都比较弱，这家企业就会活得比较滋润，比如在电商兴起之前的国美电器和苏宁易购集团股份有限公司（以下简称苏宁易购），由于他们拥有众多的终端客户，所以就可以对上游的家电厂商提出各种要求，如进店费、店庆费等，同时由于家电的消费者大多是分散的个人用户，基本上没有讨价还价的能力。"

米航受到了触动："高老师，我们的永磁电机现在的处境跟您提到的服装厂差不多。尽管国际、国内两大市场对永磁电机的需求量越来越大，但永磁电机的主要原材料是钕铁硼，这是制造高效永磁电机的关键材料，市场上一直供不应求，近几年的价格猛涨，在供应商那里，我们没有任何讨价还价的余地；从下游来看，永磁电机的应用范围很广，我们集团的主要客户是一些规模比较大的石化和油气开采企业，这些企业虽然财大气粗不差钱，但在采购时一般都采用招标的方式，货比三家，价低者得。我们被夹在中间，同时受到两边的挤压，利润低得可怜。"

樊星拿起话筒："关于既有竞争者的竞争能力，我来说两句，虽然国内的电机厂数量很多，生产的产品种类繁杂，但高端市场基本上一直被发达国家占据着，国内企业大多集中在微电机领域，这是一个红海市场，竞争十分激烈。电机行业属于劳动密集型加技术密集型产业，目前，我国大中型电机的市场集中度比较高，中小型电机的市场集中度相对比较低，二八分化现象突出。上市企业、大型国有企业由于资金充足、产能规模大、知名度高，在整个行业占据着大约80%的市场份额；而像我们LX集团这类中小企业只能分享剩余的20%，马太效应十分明显。我相信，随着行业集中度的提高和市场的优胜劣汰，近几年内肯定会有一部分弱势企业被淘汰出局。"

"谢谢米总和樊总的分享，我们再来看看'五力图分析模型'中其他两种力量，替代品的替代能力和潜在竞争者进入的能力。"高老师继续引导。

"替代品好像暂时还没看到，电机的应用领域太广了，至少从目前来看，电机的功能还难以被其他产品所替代，但是，潜在的竞争者实际上早就进来了。前些年中国经济高速发展导致对高端电机的需求快速增长，就像樊总讲的那样，国内的电机厂主要以生产低端电机为主，而一些国际行业巨头，像西门子、东芝、ABB、罗克韦尔公司等，凭借着先进的技术实力和管理优势纷纷抢占国内市场，对我们构成了巨大的压力。"袁华回应道。

"潜在的进入者还应该包括来自上游的那些实力雄厚的国有企业和上市公司。今年5月，有一家生产稀土的上市公司曾经找过我，他们打算通过向产业链下游扩张来改善业绩，做大市值，向我们集团提出了收购意向，还专门聘请了一家投行来集团做过尽职调查，最后因双方对LX集团的估值分歧太大，我们谢绝了他们的收购要约。我觉得这家上市公司不会就此放弃他们的扩张策略。如果并购不成的话，他们很可能自己直接投资建厂生产永磁电机，因为他们的主业就是稀土开采，而稀土是永磁电机的主要原料，对他们来说，进入这一行业具有天然的成本优势。"昆鹏附议道。

……

"好的，产业环境分析我们先告一段落。需要提醒大家的是，LX集团有多条不同种类的电机生产线，这些产品所服务的下游客户各不相同，上游的供应商也存在较大的差异。严格来讲，我们应该对每一条产品线都建立一个对应的五力图分析模型。由于时间关系，今天在这里就不按产品线一一分析了，这项工作将在今天的培训结束后由我们TY财税的顾问分别同相关单位和部门的负责人另约时间去落实，希望大家积极配合。"

高展做了简短的小结。

最大的竞争者来自行业之外

"先给大家打个预防针，使用五力图分析模型时，可能会有一种千头万绪、无从下手的感觉。这很正常，任何工具都有一定的局限性，五力图分析模型也不例外。波特的五力图分析模型主要基于三个假设：首先，它假设战略制定者了解整个行业的信息，这在现实中显然是无法做到的，我们只能尽量搜集那些与我们的产品和业务决策相关的重要信息；其次，五力图分析模型假设同行业的企业之间只有竞争，没有合作，而在现实中同行业的企业之间除了竞争之外，可能也存在多种合作关系，不一定全是零和博弈；第三，五力图分析模型假设行业规模是固定的，企业只能通过争夺竞争对手的份额来获取更多的客户资源和市场份额，但在现实中企业往往不是通过吃掉竞争对手而是与竞争对手合作共同做大行业蛋糕来获得更多的利益，同时，也可以通过开发和创新产品来增大自己的市场容量。所以，有人觉得，五力图分析模型更像是一种思考工具，而不是一种实操工具。我认为它最大的价值是为我们进行产业环境分析提供了一个框架。"高展又做了一段补充说明。

"另外，五力图分析模型更适合那些比较传统的行业竞争格局分析。这些年，随着互联网的广泛应用，许多行业的竞争格局被重塑，在使用五力图分析模型对这些新的业态进行分析时，可能会有一种力不从心的感觉。比如，在家电零售行业，国美电器和苏宁易购两大零售商争斗了这么多年，谁都无法将对方干掉，没想到被天生带有互联网基因的京东商城给颠覆了；在移动通信领域，中国移动、中国联通和中国电信三大巨头也是缠斗多年，不分胜负，最终被腾讯的微信给颠覆了。微信这种通信工具推出之后，现在大家是不是基本上不怎么使用短信了？甚至连电话也很少打了？这两个行业的颠覆者都不是出自行业内部，而是来自行业之外，而且是最初不太引人注意的地方，这就叫跨界打劫，或者是我消灭你，与你无关。这也是互联网时代企业制定战略规划面临的最新挑战：最大的竞争对手可能藏在你看不见的地方！而这一问题很难用五力图分析模型来解决。"高展的讲解引得大家频频点头。

用雷达图解读客户需求

高展打开下一张幻灯片：（$APPEALS分析模型如图2-3所示）

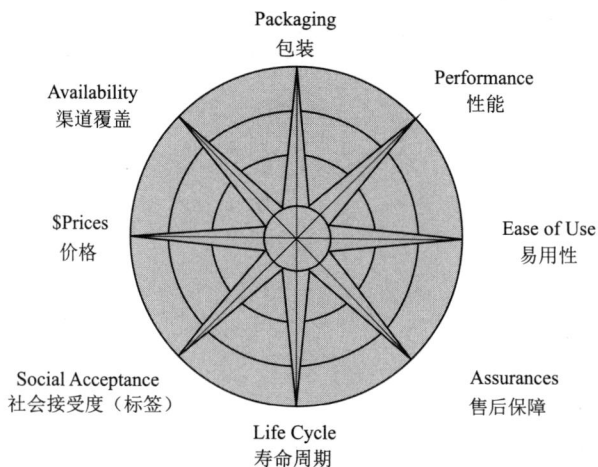

图 2-3　$APPEALS 分析模型

"下面我们进入战略规划的第三步，看市场或者看客户。在这一步，我们通常会使用一个英文简称为 $APPEALS 的分析模型。$APPEALS 是由 IBM 公司发明的一种了解客户需求、确定产品定位的工具，它分别从产品的价格（$Price）、渠道覆盖（Availability）、包装（Packaging）、性能（Performance）、易用性（Easy to Use）、售后保障（Assurances）、生命周期成本（Life Cycle Costs）和社会接受度（Social Acceptance）等八个方面进行客户需求定义和产品定位。$APPEALS 分析一定会联系细分市场和竞争对手，涉及产品的差异化分析。这几天，我和乔老师同销售公司市场部的同事们一起，选择 LX 集团销量最大的 A 系列电机产品进行了客户需求分析，针对这种电机的市场营销特征，我们将八项指标精减为五项，并对个别指标进行调整。根据市场部对几家核心客户的调研结果，制作一个雷达图。（主打产品客户需求分析如图 2-4 所示）

通过雷达图可以看出，客户对

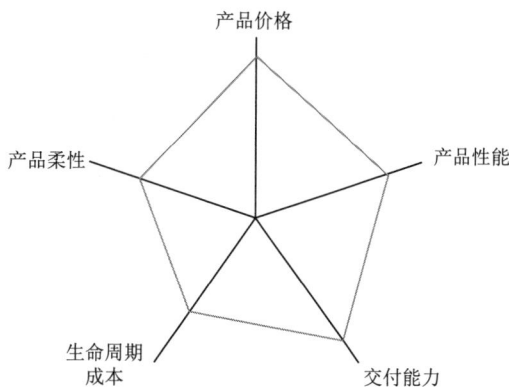

图 2-4　主打产品客户需求分析

我们的产品价格、性能和交付能力打分较高，但对生命周期成本和产品柔性这两项指标的满意度偏低。"

"高老师，您能不能解释什么是生命周期成本和产品柔性？"焦燕提议。

"樊总是咱们集团的营销专家，这个问题让他来回答更合适。"高展把话筒交给了樊星。

樊星不好意思地摇了摇头，站起身说道："我哪儿算什么专家呀，既然高老师点名了，我就来当一次搬砖的'砖家'吧，讲得不对的地方，高老师帮我纠正。生命周期成本是指在产品的整个生命周期里客户的使用成本，包括安装成本、培训、服务、供应、能耗、折旧和处理成本；柔性指的是我们的产品满足客户定制化需求的能力。我刚才说过，这些年，一些大客户经常给我们发出一些特殊需求的订单，要求我们根据他们在现场施工的使用场景和要求设计和生产定制化电机，而且要能够与他们的传感系统和驱动系统集成在一起。有些订单我们实在做不了，只好拒绝了，在产品的柔性方面我们确实存在短板。"

鲍远拿起了话筒："我来补充，这些特殊订单之所以不得不放弃，除了在技术方面的原因之外，客户给出的价格太低也是一个重要因素。对那些定制化要求特别高的特殊电机的订单，我们的工艺部门经过初步测算后发现，即便我们有能力生产，也基本上没什么利润，甚至是赔本赚吆喝，但是，为了维护客户关系，对于这些特殊订单，只要是我们能接的，基本上都接了，就是无利可图。"

昆鹏接过话题："生命周期成本和产品柔性也是我们集团明年需要重点提升的两个指标。鲍远，闫飞，散会后你们生产厂和研发中心开个专题会议，专门研究如何改进这两个指标，这也是明年你们两个单位的工作重点。"

"好的。"鲍远和闫飞异口同声地回答。

竞争对手分析四步法

"下面我们进入战略规划的第四步，看竞争对手。关于这部分内容，这两天我和乔老师已经同销售公司市场部的同事们分享过了，我们还挑了几个LX集团

的主要竞争对手进行简要分析,现在和大家分享。这一步通常包含四个步骤。"(竞争对手分析的对手分析如图 2-5 所示)

"第一步,确定直接竞争对手的名单。直接竞争对手是指那些在同一市场向同类客户销售或提供基本相同的产品或服务的竞争者。一个行业可以细分为不同的战略群,战略群是在一个行业内采用相同或相似战略的一组企业。进行战略群分析可以帮助我们更清晰地认识行业中的竞争与合作关系,更清楚地看清一个行业的竞争格局。不同战略群之间的企业竞争相对缓和,而和我们处于同一战略群的企业之间的竞争会非常激烈,这些企业也是我们真正的竞争对手,因为他们采用和我们相同的技术向同一类客户销售相同的产品。产品的同质化往往会使处于同一战略群的企业找不到更好的竞争手段,只能通过恶性竞争来抢占市场份额,所以直接竞争对手带给我们的压力要比其他战略群的企业大得多。直接竞争对手又可以按竞争力的强弱分为五种。(竞争对手的五个级别见表 2-1)

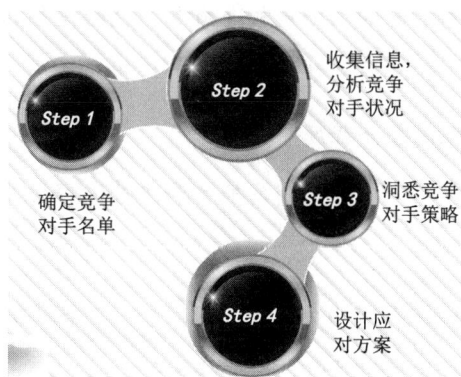

图 2-5　分析竞争对手的四个步骤

表 2-1　竞争对手的五个级别

分　　级	标　　准	特　　点	关注程度
第一级别	行业领袖	是我们学习和追赶目标的对手	高
第二级别	实力相当	行业中强劲的对手,相互竞争大	高
第三级别	实力稍弱	把我们视为追赶目标的对手	较高
第四级别	实力最弱	竞争力较小,不构成威胁的对手	低
第五级别	行业新秀	有可能是黑马,可能迅速进入行业前列	高

这五个级别的竞争对手之间的差异还是蛮大的，行业领袖是我们学习和模仿的榜样；而和我们实力相当或实力稍弱的竞争对手应当是我们关注的对象，因为一不小心，他们就极有可能在短期内赶上或超过我们；对于那些实力较弱的小企业，我们只要稍微关注就可以了；而对那些处于起步阶段的行业新秀，我们必须特别留意，因为这类企业很有可能成为市场上的一匹黑马，直接进入第二或者第三级别。

直接竞争对手的名单确定之后，就进入第二步，收集这些竞争对手的信息并分析现状，重点应该放在第二和第三级别的竞争对手上，主要从五个方面去分析。

首先，要关注竞争对手的产品在市场上的地位，以及竞争对手销售渠道的宽度、深度、长度和广度。渠道宽度是指有几种类型的销售通路；深度指的是经销商的数量有多少；长度是指产品要经过几个中间商才能到达用户手中；广度是指产品覆盖多少个地区。

其次，要关注竞争对手的生产规模与成本，包括设备的先进性、生产线的柔性、技术专利的数量、产品的质量水平、员工结构和素质、原材料来源和采购成本，与上游供应商的纵向整合程度等。

再次，要关注这些竞争对手的研发能力和工艺流程的效率，研发团队的技术实力和基本素质。

然后是竞争对手的资本结构与财务实力。比如，现金流是否充裕，主要财务指标是否健康，在银行的信用等级、融资能力等。

最后，还要了解竞争对手企业掌门人的背景和管理风格，经营团队的专业素质和执行能力，这两个要素往往对一个企业的成败起着至关重要的作用。

在第二步完成之后，就可以根据这些信息，对竞争对手明年可能采取的竞争策略进行分析和研判了。第三步主要包括三个方面：首先要判断竞争对手下一步的经营目标；其次，你认为他们将会采取哪些手段去实现这些目标？最后，他们对来自同一战略群的竞争威胁可能会作出哪些反应？

一般来说，一个企业的经营目标取决于其当下的市场地位与竞争实力，也就是美国人自我标榜的基于实力地位的竞争，具体的分析思路包括：根据竞争对手的经济技术实力，他们对自己当下的销售规模和市场地位是否满意？明年是否会改变目前的竞争策略，可能会采用哪种方式？是通过加大生产和销售规模来提高市场份额，还是通过研发和创新突出产品的差异性来吸引更多的客户？如果遇到来自同一战略群其他企业的竞争威胁，他们将会如何反击？防御性反击还是攻击性反击？

在对这些问题做出基本研判之后，就到了第四步，针对直接竞争对手的竞争策略设计我们的应对方案。比如，假设竞争对手明年要打价格战，我们打算如何应对？是这种做法可能是歼敌一万，自损八千，对这种恶性竞争带来的后果，我们是否有能力承受？对我们来说，是否还有其他选择？比如避其锋芒，通过在产品差异化方面的创新来另辟蹊径，或者偏安一隅，在自己独占的利基市场上精耕细作？

关于战略规划的第四步——竞争对手分析，就先和大家分享到这里，大家对这部分内容有什么问题吗？"高展问道。

樊星站起身："我来说两句，这部分内容对于我们销售公司特别是市场部来说非常给力。坦白地讲，市场部在竞争对手情报的收集和分析方面一直比较薄弱，虽然大家也意识到这项工作很重要，但因为电机行业中跟 LX 集团处于同一级别的竞争对手太多了，各种信息十分繁杂，千头万绪实在不知道从何处下手。这两天我们在高老师和乔老师的指导下，运用这些工具对几个主要竞争对手进行了比较深入的分析，大家感到受益匪浅，对明年的市场营销策略也有了一些新的思路。真的非常感谢！"

"不客气，樊总。建议今后市场部将这项工作常态化，逐步建立和完善竞争环境的监测分析系统，及时搜集市场情报，定期分析竞争对手的战略动态，不要等到每年年底编预算的时候才想起做这件事，这样才能知彼知己，百战不殆。"高展回应道。

"好的，一定！"樊星深深地点了点头。

自我评价：取长补短还是扬长避短

"接下来，让我们进入战略规划的第五步：看自己。在这一步，我们会使用一个被称作 QCDMS 的分析工具进行自我评价。"（QCDMS 分析工具如图 2-6 所示）

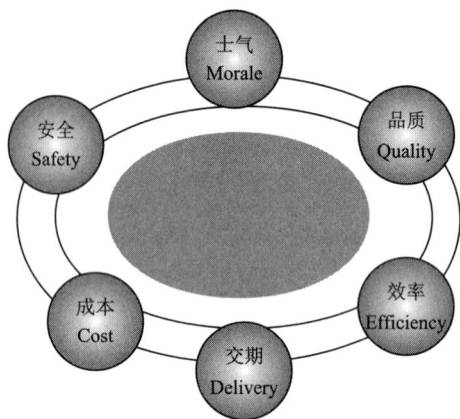

图 2-6　QCDMS 分析工具

关于质量、价格和交付能力这三个指标，我们在第三步客户需求分析时已经用一张雷达图展示了客户对我们主打产品的评价。到了这一步，我们应当将我们的得分与直接竞争对手的分数对比，看看我们的相对优势和弱点在哪里。我们和市场部挑选了两家跟 LX 集团属于同一级别的竞争对手（甲公司和乙公司），根据目前所掌握的信息，使用从 $APPEALS 模型中选取的五个指标分别对这两家公司进行了评价和打分，然后把他们的得分也放进了上一张雷达图里。"（与竞争对手对比分析雷达图如图 2-7 所示）

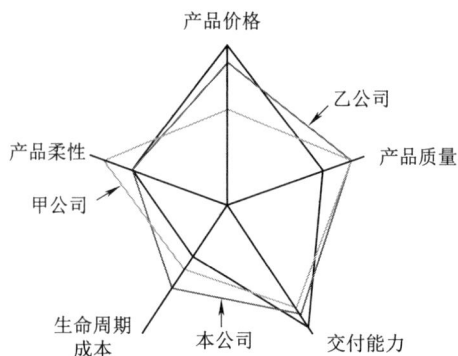

图 2-7　与竞争对手对比分析雷达图

"通过这张雷达图可以看出，与甲公司相比，我们的主打产品在价格和生命周期成本方面具有优势，在质量和交付能力方面与他们旗鼓相当，但在产品柔性方面，甲公司的得分很高，之所以会出现这么大的差距，是因为甲公司的销售收入中有相当一部分来自一些需求特殊、定制化程度比较高的客户订单，因此他们的定价也比我们高。一般来说，定制化订单生产加工的产品复杂度也比较高，生命周期成本也会相对高一些，显然，甲公司的竞争优势主要体现在产品的差异化方面。

而乙公司在价格和交付能力方面显然比我们更具优势，但在产品质量和生命周期成本，特别是在产品柔性方面的得分低于我们。因为乙公司是以生产和销售通用电机为主，产品的标准化程度较高，一般不会为客户的特殊需求生产定制化产品，所以他们的规模化优势比较明显，生产周期比我们短，交货也更快，说明乙公司选择了成本领先策略作为主要竞争手段。"

昆鹏若有所思地说道："从这张雷达图来看，和竞争对手相比，我们的优势和弱点都不突出。从好的一面来看，我们的表现中规中矩，所以五项指标的得分比较均衡，但从不好的一面来看，是不是也反映出我们是一家比较平庸的公司呢?"

"那倒不一定。请大家注意两点：第一，自我评价时，不能将我们自身的优势等同于竞争优势，而是要看我们这些优势能为客户解决哪些问题，这些问题是不是客户的痛点问题；第二，对我们自身弱点的分析也要站在客户的角度，看看客户对我们的这些弱点是否在意，如果客户不在意，可以暂时忽略。如果他们在意，我们就要设法把自己的短板补上。有时候，通过自我评价得出的结论不一定是取长补短，而是要扬长避短，将主要资源集中到客户的痛点问题和自己的核心能力上，将自己的优势和特长发挥到极致，这样才能走出平庸，在同质化的市场上脱颖而出。"

人是第一宝贵的资源

高展继续说道："除了雷达图上那五个指标之外，看自己还包括 5M 分析，5M 分别代表了企业内部资源的五个要素：人（Man）、机（Machine）、料（material）、法（Method）、钱（Money），现在，我们再把这五个要素分别过一下。

第一个要素是人。对企业来说，人的因素主要包括管理团队和员工的敬业态度、拼搏进取精神和学习创新能力。"

郁梅拿起话筒："在这方面，我们集团的员工还是很有竞争力的。在 RS 市的生产型企业中，我们的规模最大，特别是前些年集团改制以后，许多老员工都直接或间接持有公司的股份，变成了集团的股东，大家都非常热爱这个企业，忠诚度也比较高。在我们集团，加班加点是家常便饭，大家从来没有怨言；我们的管理团队执行力特别强，只要是昆总安排的工作，基本上都能够不折不扣地去完成，遇到困难也会想方设法去克服。"

昆鹏接过话筒："这确实是我们集团的一大优势，我也常常为拥有这样一支特别能战斗的团队和一大批爱岗敬业、吃苦耐劳的员工而自豪，不足之处是我们的学习创新能力偏弱。我们这个团队还比较年轻，按理说应该对行业发展的最新趋势和高新技术保持敏感，但就像刚才高老师所指出的那样，由于我们平时对行业动态和竞争对手缺乏监控，对市场发生的变化反应比较迟缓，技术更新和产品升级也相对滞后，所以在这方面，我们还有很大的提升和改进的空间。

我经常强调，办企业要培养三种心态：虚心、信心和恒心。首先，对竞争对手要虚心，努力学习人家的长处；其次，对自己要有信心，人家能，我们为什么不能？最后，对未来要有恒心，只要方向对了，就不怕路远。对认准的目标要以持之以恒的毅力去完成。尽管 LX 集团已经越过创业的生死线进入了成长期，在咱们 RS 市也算小有规模了，但如果放到整个 SD 省或全国电机行业来看，我们还是一家名不见经传的小公司。没有这三种心态，我们永远做不大，更做不强。

这几年，我发现在集团内部存在一种小富即安的想法，有人觉得自己已经奋斗这么多年，年薪加上年底的分红在 RS 市也算是中产了，要开始享受人生，不想再继续奋斗，当年的创业激情和拼搏精神也在逐渐消退，这是我最担心的事情。这些年电机行业的变化可以用日新月异来形容，如果不能保持对市场的高度敏感，跟不上电机行业快速发展的步伐，我们很快就会被客户抛弃，被竞争对手淘汰出局。"

"咱们集团技术创新能力薄弱的一个重要原因是：研发中心招不到高端的技术人才。就像刚才郁总所说，现在整个电机行业研发人员的薪酬大幅度上涨，但还是供不应求，咱们 RS 属于四线城市，目前高铁还没有通到这里，交通也不方便，我们这个地方对高端技术人才缺乏吸引力。"闫飞补充道。

…………

股权换资产是一厢情愿吗

高展引入下一个主题："我们再来看看第二个 M（Machine），机是指生产所使用的机器设备和生产工具。在生产过程中，机器设备的加工能力、运作是否正常，生产工具的好坏都会对生产进度和质量产生影响。随着产品的升级换代，机器设备也需要不断更新，好的设备可以提高劳动生产率和产品的质量。"

鲍远拿起话筒："我来说两句吧，我们集团是以生产工业电机起家，主要客户是一些工矿企业，在这个领域拥有比较完整的生产线，客户对我们的产品质量和交付能力一直都比较满意。每年第三季度是销售旺季，来自国内外的订单通常会增加，我们的生产能力有缺口，但基本上可以通过加班加点来解决，从未出现过断货现象。

近年来，客户对节能降耗的要求越来越高，所以，我们的生产技术和设备也在不断升级，可以满足大部分客户的需求。但是，随着电机制造与电子和智能控制技术的交叉融合，我们的一些大客户对电机功能方面的要求越来越多，对产品智能化和定制化方面也提出了更高的要求。为这些定制化的需求生产和加工特种电机需要添置许多新设备，投入的资金量也比较大，以我们集团目前的经济实力和技术水平，还不具备承接这种订单的能力。今年勉强做了几单，基本上都是赔本赚吆喝。尽管智能化和定制化是未来电机行业的发展方向，但考虑集团目前的实际情况，我不建议我们贸然进入这一领域。"

昆鹏忍不住打断了鲍远的发言："不是未来，而是未来已来！这几年通用型电机的销量已经开始下降了，如果不接这些特殊订单，明年恐怕连 10 亿元的销售额都保不住了。智能化电机取代传统通用型电机已是大势所趋，这个市场我们现在不做，等你想做的时候，已经没有机会了。不过，你刚才的话让我想起了一件事，你还记得经常找我们承接 OEM（英文全称为 Original Equipment Manufacturer，原始设备制造商，简称 OEM）订单的 BG 公司吗？"

"怎么不记得？8 月我们刚刚帮他们加工了一批海外订单，那批货现在应该已经到欧洲了。"鲍远回答。

昆鹏转向高展："这件事我早就想向您咨询了，今天正好借这个机会请教。BG 公司是隶属于 BJ 电机集团的一家老牌国有企业，已和我们集团合作多年。他们几乎每年都会把一些海外订单外包给我们，对于那些技术要求比较高的订单，他们还会派工程师过来对我们进行现场指导。BG 公司的研发团队挺厉害的，几位高级工程师都拥有数十年电机产品设计和开发经验。前些年 BG 公司在效益比较好的时候，还招聘了几位自动化智能控制专业的高级技术人员，也投资了一些生产试验设备。但是，BG 公司这几年经营不善，亏损额年年攀升，可能是因为在一线城市各种成本都比较高的缘故吧。

前几天，我在一个行业研讨会上遇见了 BG 公司的丁厂长。他告诉我，最近，BJ 电机集团的领导班子决定将他们公司的机器设备和销售渠道打包出售，把现有的厂区改造成一个科技产业园，将办公楼和厂房作为商业地产出租给那些互联网创业公司。BG 公司地处北京四环路以内，地理位置特别好，他们工厂的隔壁是一个著名的文创产业园，这个文创园由一家建于 20 世纪 50 年代的废旧电子管厂改造而成，由于独特的环境和风格，吸引了许多民间艺术家和自由职业者在园里开办工作室、艺术画廊、酒吧和咖啡馆等，生意挺红火。

BJ 电机集团打算照搬这种模式，让 BG 公司从电机制造企业变成一家商业地产公司。我听到这个消息，有一个异想天开的想法，如果 LX 集团能够将 BG 公司那些机器设备和研发人员接收进来，正好可以补上我们智能化电机研发和技术方面的短板，也可以减少对这类产品的固定资产投入，但人家是国企，把资产、专利和销售渠道的价值加起来肯定是个天价，以我们集团的财力根本买不起。我是不是有点一厢情愿啊？"

"LX集团不是已经在新三板挂牌了吗？是不是可以考虑通过转让你们的一部分股权来收购BG公司的这些资产呢？这样就不用支付现金了。"高展回应道。

"这一招我怎么没想到呢？"昆鹏有点不敢相信自己的耳朵："可是这样操作，BJ电机集团的领导班子会同意吗？"

"这可能也是这个方案的难点，我建议你们先和BJ电机集团的领导沟通。据我所知，这几年国资委一直在鼓励国有企业进行混合所有制改革，只要不会造成国有资产流失，甚至能够实现国有资产的保值增值，这个方案应该有一定的可行性。"

昆鹏喜出望外："真有这样的好事？这可是个意外收获。高老师，如果您的这个方案可行，既可以解决集团智能化电机生产固定资产投入不足的问题，也可以突破高端技术人才短缺的瓶颈。到时候能不能聘请您担任我们的并购顾问呀？"

"这种并购项目，我们以前也做过一些，它涉及BG公司的估值、国务院国有资产监督委员会（简称国资委）的相关政策、交易的合规性等一系列复杂问题，我建议我们今天在这里先不讨论这个议题了，大家先集中精力把全面预算这个项目完成，对BG公司的并购可以作为LX集团明年业务增长的一个机会，我们在战略规划的下一步或者在课后再详细研讨好吗？"高展将话题拉了回来，昆鹏表示赞同。

向供应链管理要答案

高展切换到下一个议题："下面我们来看看第三个M（Material），料指的是我们生产产品所使用的原材料，包括各种物料、在产品、零部件和配件等。电机属于离散制造业，分工很细，一般要使用多种零部件和配件，几个车间同时运作，只要有一个配件没到位，整个产品都不能齐套组装，造成装配工序停工待料。在这方面，我们有哪些优势和弱点？"

米航拿起话筒："通用型电机的原材料供应渠道应该没什么问题，这是我们的主打产品，已经生产了 20 多年，跟几个主要供应商都建立了长期稳定的合作关系。因为我们每年的采购批量比较大，供应商会在价格上给我们一定的折扣。但是，永磁电机可就没有这么好的运气了，我刚才讲过，永磁电机的关键材料是钕铁硼，这种材料多年来一直供不应求，价格居高不下，完全是卖方说了算，我们没有任何讨价还价的余地。还有就是一些智能化电机订单需要采购特殊的零部件，有时甚至需要供应商按我们提供的图纸加工定制，由于批量太小，基本上都是我们在求着人家做，这部分配件的价格短期内很难降下来，除非我们加大采购批量。"

"好的，谢谢米总。大家再来看看第四个 M（Method），方法是指生产过程必须遵守的规章制度，包括工艺流程、标准工序说明书、生产图纸、生产计划表、产品作业标准、检验标准和各种操作规程。制定这些规章制度的目的是让生产线上的员工严格按规程作业，这是保证产品质量和生产进度的重要条件。在这方面，通过这些天钱老师和万老师对生产厂的实地调研，我们认为 LX 集团的生产管理还是比较规范的，各项规章制度也很健全。关于这个要素，大家还有什么需要补充吗？"

鲍远举手发言："我还是要提出特殊订单的问题，通用型电机的生产流程已运行多年，而且在不断优化，基本上没什么问题，但对于特殊订单的设计和加工流程，我们生产厂和研发中心之间，有些环节还没理顺，存在相互扯皮的现象。"

没等闫飞作出回应，高展已经转到了下一个议题："鲍总提出的关于产品设计管理的问题，还有刚才米总提到的关于特殊订单的原材料和零部件采购问题，都涉及整个集团的供应链管理，需要设计一套综合方案来解决，不能采用头痛医头、脚痛医脚的方法。供应链管理这个题目有点大，也比较复杂，我们放在后面再讨论吧"

明年是否不差钱

"现在，让我们来看看最后一个 M（Money），金钱的存量决定着一个企业的财力，大家还记得我在上一次培训时讲过企业财务管理方面的三种能力吗？"

"造血、换血和输血能力。"现场的学员们齐声回答。

"非常好，谢谢大家还记得我上次讲的内容。咱们 LX 集团目前在这三种能力上表现如何？这个问题由财务总监来回答吧。"高展直接点了焦燕的名。

焦燕站起身："好的，我来向大家汇报集团今年前三个季度的财务指标，1~9 月实现销售收入 6.6 亿元，利润 3 200 万元，经营活动产生的现金流量 3 000 万元，投资活动发生的现金净流出约 3 800 万元，融资活动带来的现金流量为 2 000 万元。从行业的平均水平来看，我们集团的造血能力还是不错的，应收款和应付款的金额基本持平，但是我们挣钱的速度显然跟不上花钱的速度。近三年虽然收入有所下降，但集团在固定资产和产品研发上的投入还是挺高的，每年的研发费用支出都不低于 5 000 万元，由于我们的造血能力难以满足换血方面的需求，所以就需要通过不断融资来从外部输血。自从集团在'新三板'挂牌后，我们采用的融资方式基本上是以债权为主，LX 集团作为 RS 市规模最大的生产型企业，在本地银行一直享有良好的信誉，银行也很愿意贷款给我们，所以，我们的融资能力还是挺强的。以现在每年 10 亿元的销售规模来看，应该说暂时不差钱，但是如果要引进智能化电机生产设备，资金的缺口会比较大。"

"谢谢焦总的分享！到现在为止，我们已经完成了战略规划的前五步，我在每一步都提供了一个分析工具给大家，这五个步骤也可以概括为五看：第一步看宏观，我们使用 PEST 模型分析了外部经营环境；第二步看产业，我们运用五力图模型分析电机行业的竞争格局；第三步看市场（客户），我们从 $APPEALS 分析模型中选了五个指标做成了雷达图来解读客户需求；第四步看竞争，我们用竞争对手四步法分析了直接竞争对手可能采取的竞争策略；第五步看自己，我们使用 QCDMS 分析工具对其中的五个'M'（人、机、料、法、钱）进行了重点分析。大家感觉是不是挺'烧脑'的？好的，现在刚好到用餐时间了，大家先去吃饭吧，然后稍微休息一会儿，请在下午 1：30 准时回来。"

用 SWOT 分析绘制战略蓝图

下午 1：30，随着学员们陆续回到大会议室，高展引领大家踏上了战略规划之旅的下半程。

"欢迎回来，下面我们进入战略规划的第六步：SWOT[①]分析，这一步实际上是将我们前五步的分析成果串联起来。相信大家对 SWOT 分析工具都比较熟悉，但真正用得好的企业并不多。记得我在上一次的培训中讲过，预算是一种战略思考的方式和过程；战略规划是通过对企业面临的外部环境和自身拥有的能力和资源进行全面分析和综合评价，确定下一步的方向和目标。而 SWOT 分析是帮助我们进行战略思考和业务梳理的重要工具，它通过对我们自身的优势和弱点、外部环境中的机会和威胁进行综合评价和系统思考，来选择和确定未来 1 ~ 3 年的经营战略。这个工具的优点是，把对问题的诊断和'开药方'紧密结合在一起，条理清晰，便于检验。"（SWOT 分析如图 2-8 所示）

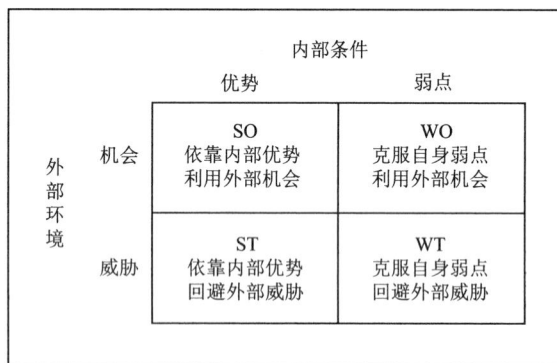

		内部条件	
		优势	弱点
外部环境	机会	SO 依靠内部优势 利用外部机会	WO 克服自身弱点 利用外部机会
	威胁	ST 依靠内部优势 回避外部威胁	WT 克服自身弱点 回避外部威胁

图 2-8　SWOT 分析

高展将四张写有不同颜色字体的大白纸挂在了白板上："这是乔老师根据刚才大家的发言整理出来的信息，他把这些信息分别按 SWOT 分析的四个要素优势、弱点、机会和威胁进行了分类。大家看一看他分得对不对？另外还有什么要补充的？"

---

① S 为 Strength，优势；W 为 Weakness，劣势；O 为 Opportunity，机会；T 为 Threat，威胁。

1. 优势（Strength）

S1. LX 集团已在"新三板"挂牌多年，明年有望进入创新层；

S2. 拥有相对完备的通用电机生产线，客户对主打产品的价格、质量和交付能力满意度较高；

S3. 与通用电机的原材料供应商建立了长期稳定的合作关系；

S4. 员工的忠诚度高、吃苦耐劳、爱岗敬业、执行力强；

S5. 资金相对充裕，暂时不差钱。

2. 弱点（Weakness）

W1. 智能化电机开发技术是短板；

W2. 难以招聘到高级研发技术人才；

W3. 对来自大客户的定制化产品需求难以满足，定制化订单不盈利；

W4. 研发中心和生产厂对于特殊订单的产品设计与生产流程尚未理顺。

3. 机会（Opportunity）

O1."专特精新"中小企业、"专特精新小巨人"企业和"中国制造 2025"等政策红利和税收优惠；

O2. 北交所已上线，LX 集团明年有望进"新三板"创新层；

O3. 商业银行的利率下降，企业融资成本降低；

O4. 碳中和、碳达峰带来的高效节能电机发展新机遇；

O5. 电机与数据控制、人工智能技术融合成为新趋势；

O6. BG 公司欲出售，若能成功收购可弥补 LX 集团的一些技术短板，同时增加销售收入。

4. 威胁（Threat）

T1. 全球贸易受阻；

T2. 中美贸易摩擦加剧，出口电机成本居高不下；

T3. 永磁电机原材料价格上涨，成本居高不下；

T4. 大客户对产品的专业化和定制化要求提高；

T5. 实力雄厚的大型国企、上市公司作为新进入者杀入电机行业，马太效应显现。

会场上出现了片刻沉默，高展略微停顿了一下，继续引导："如果没有补充信息，现在让我们一起来做一件事情。大家分成四个小组，给你们一小时的时间，把这四张纸上的信息分别按优势和机会、优势和威胁、弱点和机会、弱点和威胁进行组合，讨论一下我们应怎样利用这些机会把自己的优势发挥出来，同时把自身的弱点克服掉；怎样借助自己的优势来规避外部威胁；或者采用某种措施既能克服自己的弱点，又能回避外部威胁。我们的几位顾问老师将分别加入四个小组，请每个小组指定一位同学把你们组的讨论结果记录整理出来，写在一张大白纸上，一小时后每个小组派一位代表向大家展示讨论结果。我们开始吧！"

高展的话音刚落，四个小组的学员们立即展开了热烈的讨论。对很多人来说，运用SWOT分析进行战略推演还是第一次，大家感觉十分新颖有趣，每个人都很投入，原定一个小时的时间不得不延长到一个半小时。在一阵紧张忙碌之后，四个小组分别派人上台呈现了他们的讨论结果，经过乔智的整理，一张战略蓝图初具雏形。

SO（优势与机会组合）：

→ 加快产品升级与企业转型，争取在三年内业绩达标并在北交所挂牌；（S1、O1、O2、O4）

→ 以股权换资产的方式收购 BG 公司，通过横向并购整合增加集团销售收入；（S5、O5、O6）

→ 更新改造通用电机生产线，继续在节能降耗电机上发力。（S2、S3、S5、O3、O4）

ST（优势与威胁组合）：

→ 加大对国内市场的开拓和销售力度，用国内市场的增量抵消出口额下降的影响；（S2、S3、S4、T1、T2）

→ 通过股权融资增强企业实力，承接更多的大客户订单，与大客户结成策

略性联盟，建立进入壁垒，以应对来自新进入者的竞争威胁。（S1、S2、T4、T5）

WO（弱点与机会组合）：

→ 如果并购 BG 公司成功，可通过整合其研发团队来弥补智能化电机研发的技术短板，增强承接定制化订单的能力；（W1、W2、W3、O5、O6）

→ 投入更多资金和资源，加大智能化电机技术的研发力度。（W1、O1、O2、O3、O5）

WT（弱点与威胁组合）：

→ 建立供应链管理系统，前端加强客户需求管理，后端培育战略核心供应商；（W4、T3、T4）

→ 在北京设立研发中心分部，招聘高级技术人才，满足大客户对产品专业化、集成化和定制化的要求。（W2、W3、T4）

OGSM 模型让战略目标落地

短暂的茶休之后，LX 集团的战略规划之旅接近了尾声。面对四个小组分别呈现的 SWOT 分析成果，高展竖起了大拇指：

"大家在这么短的时间内初步完成了 LX 集团的战略蓝图，真的很了不起！下面我们进入战略规划的第七步：确定中期战略目标。首先，我要再跟大家分享一个管理工具——OGSM 模型。OGSM 模型是基于管理大师彼得·德鲁克的目标管理（Management by Objective，MBO）的理念开发出来的一个制订策略性计划的结构化工具，它由四个部分组成：Objective（战略目标）、Goals（逻辑目标）、Strategies（行动策略）、Measurement（量化标准），这四个部分可以用一页纸呈现出来，简单清晰、一目了然，随手可取，人人可用，沟通方便，它的作用是可以帮助企业各个层级的员工将自己所负责的工作聚焦到集团的战略目标上。（OGSM 模型见表 2-2）

表 2-2　OGSM 模型 [①]

O（战略目标）	G（逻辑目标）	S（行动策略）	M（量化标准）

OGSM 曾经被快消品龙头企业宝洁集团所采用，成为他们内部战略执行的重要工作表格。企业通过这一页纸的精简信息，可以快速修正策略，响应市场。我在上次培训中提到过，宝洁集团有 300 多个品牌，14 万名员工，在清晰的企业战略目标指导下，各品牌业务单元在每周、每月和每个季度的沟通会议中独立运行，借助这个结构化工具，快速回应消费者的要求，应对市场变化。

下面我把 OGSM 这四部分给大家一一拆解：第一部分，战略目标（Objective）是企业要在一定期限内实现的目标，通常为 1～3 年，一般不超过 5 年，这些目标是让企业的员工能够受到激励并愿意参与的整体目标。不知道我的判断对不对？对 LX 集团来说，让经营业绩尽快达到"新三板"精选层的标准，并且在北交所挂牌上市就是我们近三年的整体战略目标。"

"没错，高老师的提炼非常精确。"昆鹏回应道。

"第二部分，逻辑目标（Goals），也就是如何实现战略目标的维度设定，它体现了企业的管理团队实现战略目标的基本思路，也是指导行动策略的核心依据，所以必须量化，而且要有完成的时间。对 LX 集团来说，要实现三年内在北交所挂牌的战略目标，必须按北交所规定的上市条件，在收入、利润、核心技术和竞争优势上制定具体的逻辑目标。

第三部分，行动策略（Strategies），要实现这些逻辑目标，需要采取哪些行动。我把刚才大家通过 SWOT 分析形成的策略性行动计划分别按增加收入、提高利润、增强竞争优势和提升核心竞争力四个逻辑目标进行了简单的归类。"高展拿起一

---

① 资料来源于胡浩的微信公众号"高绩效 HR"：一页纸目标规划：从战略目标到策略执行。

支记号笔在白板上画了起来。

1. 逻辑目标一：增加收入

策略行动 1. 加大对国内市场的开拓和销售力度，用国内市场的增量抵消外贸出口额下降的影响；

策略行动 2. 以股权换资产的方式收购 BG 公司，通过横向并购整合增加集团的销售收入。

2. 逻辑目标二：提高利润

策略行动 3. 更新改造通用电机生产线，继续在节能降耗电机上发力；

策略行动 4. 建立供应链管理系统，前端加强客户需求管理，后端培育战略核心供应商。

3. 逻辑目标三：增强竞争优势

策略行动 5. 通过股权融资增强企业实力，承接更多的大客户订单，与大客户结成策略性联盟，建立进入壁垒，以应对来自新进入者的竞争威胁；

策略行动 6. 如果并购 BG 公司成功，可通过整合其研发团队来弥补智能化电机研发技术的短板，增强承接定制化订单的能力。

4. 逻辑目标四：提升核心竞争力

策略行动 7. 投入更多资金和资源，加大智能化电机技术的研发力度；

策略行动 8. 在北京设立研发中心分部，招聘高级技术人才，满足大客户对产品专业化、集成化和定制化方面的要求。

"这只是一个初步的策略行动计划，大家先看一下这些行动是否足以支撑四个逻辑目标的完成？有没有什么需要调整和补充的？"高老师开始提问。

"我觉得，有些策略比较虚，是不是应该再具体一点？"袁华提议。

"是的，袁总的提议涉及 OGSM 模型的第四部分量化标准（Measurement），量化标准是对策略进行量化评估，这一点明确后才会产生恰当的行动，如果每个人对策略的理解不同，就会导致战略在落地的过程中出现偏差。关于量化指标的这部分工作，由于每个策略行动涉及不同的经营实体和责任中心，需要花费更多的时间和精力，我建议我们今天暂时不在这里讨论了。既然这些行动方案都是大家经过分组讨论自己确定的，散会后我们TY咨询的几位老师会分别就每一个策略的量化指标和落实方案同各经营实体和责任中心的负责人组成项目小组，协助你们完成具体的行动方案。大家同意吗？"

"同意。"高展的建议得到了一致赞同。

潜在风险的量化与应对策略

高展打开下一张幻灯片："现在，我们终于来到战略规划的第八步，也是最后一步：评估战略执行的潜在风险，并制定应对措施。很多企业在制定战略规划时往往会忽略这一步，他们认为风险是不确定的，有可能发生，有可能不发生，要防范风险就必须采取一些措施，意味着企业要投入一些资源，这样肯定会增加管理成本。如果这些风险最终没有发生，这笔钱不就白花了吗？请大家思考，如果因为风险无法确定，我们就干脆听天由命，采取完全置之不理的态度行不行呢？"

"不行。"学员们齐声回答。

"为什么？"

"因为有些风险一旦发生，对企业来说可能是一场灭顶之灾。"焦燕回答。

"焦总说得没错。这些年，有些百年老店因为一个突发事件在一夜之间倒闭的例子，相信大家已经听过不少了。所以，对于企业的各种潜在风险，绝不能采取听天由命的态度，一定要采取一些必要的防范措施。然而，目前许多中国企业的老总对风险管理总存在一种侥幸心理，这是一个令人担忧的现象。我在给一些总裁班讲课的时候，经常听到这样的说法：'吴老师，我不会这么倒霉吧？''我的运气这么好，您讲的这些天灾人祸怎么会降临到我的头上呢？'其实，'一把手'缺乏风险意识就是一个企业最大的风险。俗话说：'天有不测风云，人有旦夕祸福。'

我们生活在一个充满不确定性的世界，特别是这几年，一只只'黑天鹅'腾空而起，让我们开始怀疑人生。所以，风险的评估与防范绝不是一件可有可无的工作，它也是每个企业的必修课。

既然风险管理是一家企业必须要花的钱，那么，我们应该如何以最少的投入取得最大的效果呢？在这里，再跟大家分享一个工具：风险评估矩阵。首先将企业在战略执行过程中有可能遇到的主要风险罗列出来，然后分别对每一种风险发生的概率作出评估，同时就该风险可能造成的损失或影响程度打分，最后用影响程度得分乘以概率，就可以得出每种风险的重要性的分值，分值越高，说明重要性也越高。（风险重要性评估见表2-3）

表2-3　风险重要性评估

序号	潜在风险	影响程度（A=0~10分）	概率（B=0~100%）	重要性（C=A×B）
1				
2				
3				
4				
5				
6				
7				

风险重要性评估完成后，还要将每一种风险按影响程度得分和概率分别落位在风险评估矩阵中。（风险评估矩阵如图2-9所示）

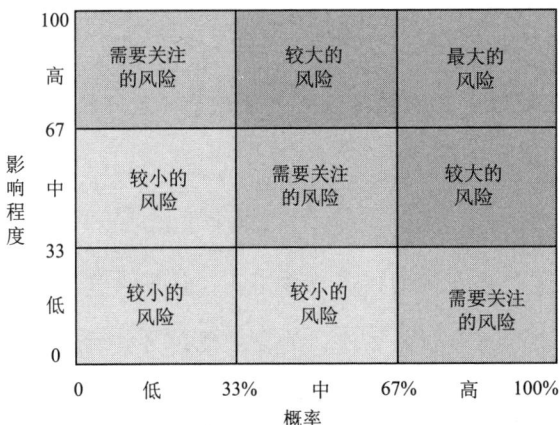

图2-9　风险评估矩阵

运用风险评估矩阵工具，我们可将风险分成三类：比较小的风险、需要关注的风险和比较大的风险，然后，针对三种不同的风险，分别采取不同的应对策略。比如，对于比较小的风险，如果它们对企业的运营影响不大，我们基本上可以采取承受策略，既然这类风险是可以承受的，我们就不必采取任何措施干预它们发生的概率和影响程度；如果是需要关注的风险，比如位于左上角的风险，发生的概率不高，但造成的影响程度很大，这就是所谓的'黑天鹅'风险，对这类风险我们要不要防范呢？"

"肯定要的。"学员们齐声回答。

"没错，对于需要关注的风险，我们必须采取一些防控措施来降低它们发生的概率和影响程度，当然，也可以采用分担策略，通过转移的方法来降低这类风险发生的概率和影响程度，比如我们可以通过购买保险来降低自然灾害给企业资产带来的损失。而对于那些比较大的风险，如果对这类风险的防控，已经超出了我们的能力边界，是我们力所不能及的，那就要采用回避策略了，外包给力所能及的更专业的人去干。比如，银行每天的现金运送都会雇佣专业的保安运钞公司负责押运。"

"黑天鹅"与"灰犀牛"

"大家注意，位于右上角的风险发生的概率和影响程度都很高，属于最大的风险，有人将这种风险称为'灰犀牛'，人们更容易将它与'黑天鹅'风险混淆。比如，2016 年英国脱欧，大家觉得这个事件属于'黑天鹅'还是'灰犀牛'？"

"黑天鹅。"

"灰犀牛。"

"表面上看，这件事发生的概率应该不高，但影响程度很大，似乎是'黑天鹅'，但如果采用大数据分析的方法，你会发现，这些所谓的'黑天鹅'其实都是'灰犀牛'。因为英国媒体所做的民意调查采用的是抽样调查的方法，抽样调查最大的问题是谁愿意对你的调查问卷作出反馈，那么他（她）的建议就会被反映在调查结果中，而不愿反馈的人的意见自然不会反映出来。然而，在很多时候，那些被忽视的没有反馈的样本往往才是我们最需要知道的信息。比如，抖音发了10万份调查问卷给它的用户，问他们'你爱抖音吗?'，结果收到了一万个用户肯定的答复，抖音是否可以因此得出结论：大家都爱抖音?"

"不能。"

"为什么?"

"因为取样的数量太少了，那9万个没有填写问卷的用户不一定也喜欢抖音。"闫飞说道。

"是的。在现实生活中，很多人在作决策的时候，由于没有关注样本的数量，没有进一步思考样本背后隐藏着哪些自己所不知道的东西，于是对调查结果深信不疑，据此所作出的决策往往会有对号入座的嫌疑。"

高展打开一张新的幻灯片。他说："有一种数据分析的"SB现象"，大家知道这个SB代表什么吗?"

现场的学员们笑作一团。

高老师微笑着说："笑的人都想歪了，这个SB不是网络上那句骂人的话，而是两个英文单词的缩写Survivorship Bias，翻译成中文叫作幸存者偏差，它源自第二次世界大战中一个真实的案例：'二战'时盟军的战机在德军阵地执行轰炸任务，但德军的炮火太猛烈，有许多战机被炮弹击落，无法返航。于是，美国军方派了一批飞机维修工程师到前线为盟军的轰炸机安装防护甲，这些工程师首先查看了飞机中弹的部位，这是每平方英尺平均弹孔数的统计表（见表2-4）。"

表2-4　中弹部位每平方英尺平均弹孔数

飞机中弹部位	每平方英尺的平均弹孔数
发动机	1.11
机身	1.73
油箱系统	1.55
其他部位	1.80

高展停顿了一下，问道："如果你是军方派去的工程师，你觉得飞机的哪个部位最应该安装防护甲？"

"油箱系统。"

"发动机。"

"中弹最多的部位。"

…………

看到学员们十分活跃，高展继续引导："最初这些工程师也是这样想的，他们选择中弹最多的部位安装了防护甲，然后，盟军的飞机再去德军阵地轰炸，发现被德军炮弹击落的飞机数量并没有出现明显的下降。于是，美国军方聘请了哥伦比亚大学的统计学教授亚伯拉罕·瓦尔德，希望他运用统计学方面的专业知识来提供建议。

瓦尔德教授在对相关数据进行分析和研究后得出的结论是：你们全错了，我们应该在飞机没有中弹的部位安装防护甲。因为我们所看到的全部都是飞回来的飞机中弹的数据，这些飞机的这些部位中了这么多炮弹还能够平安飞回来，恰恰说明了在这些部位上加强防护是没有意义的；而那些被击落的飞机却被我们忽略了，这些飞机有很大的概率是因为其他部位中弹而导致它们再也飞不回来了。

于是，这些工程师又按照瓦尔德教授的建议，在没有中弹的部位安装了防护甲，结果盟军的飞机再去执行轰炸任务时，被德军击落的数量大大减少了。这个案例告诉我们，人们往往只看到了经过某种筛选之后产生的结果，而没有意识到筛选的过程，因此忽略了被筛选掉的关键信息。所以，我们千万不要把大数据跟统计学画等号，大数据分析只相信全量数据，而不仅仅是样本。

让我们再回到英国脱欧这事上，英国媒体在公投之前进行民意调查时，很可能忽略了那些沉默的大多数，如果将取样的数量进一步扩大，把这部分民众的意愿也纳入调查范围，也许这英国脱欧就不再是小概率的'黑天鹅'，而是大概率的'灰犀牛'。"

袁华举手提问："高老师，记得前几年，有一个自称是中国红十字会商业总经理的女孩子郭某美在自己公众号上发了一个微博，引发了一场红十字会的信用危机，这一事件应该属于'灰犀牛'还是'黑天鹅'呢?"

"我认为它应该属于100%的'黑天鹅'。假如你是中国红十字会会长，你觉得你在给红十字会做风险评估时会预测到这一事件吗? 所以，'黑天鹅'事件发生的概率基本上是无法预估的，但是，它所造成的影响却非常之大，据说红十字会当年收到的捐款比往年减少了28亿元，救助事业受到了前所未有的重创。对企业来说，这种'黑天鹅'风险往往是防不胜防的，我们唯一能做的就是努力增强自身的抗风险能力，培养反脆弱性。

跨国公司在制订年度战略规划时通常会有一个应变计划，又叫作应急预案，这个应急预案就是专门用来应对这种'黑天鹅'风险的。比如，肯德基如果遇到了禽流感大流行怎么办? 如果全世界的消费者都不敢吃鸡了，肯德基是不是就要关门了? 在这时候，应变计划作为替代方案就会启动。"

如何增强反脆弱性

"什么是反脆弱性?"昆鹏问道。

"反脆弱性是由美国著名的风险管理专家纳西姆·尼古拉斯·塔勒布提出的。塔勒布一生致力于研究随机性、不确定性、概率等风险管理方面的问题，发表了《黑天鹅》《反脆弱》《随机生存的智慧》《非对称风险》等一系列著作，他被业界视为一个令人敬畏的、拥有罕见的勇气与博学的思想家。

塔勒布所讲的反脆弱性，是一种可以从混乱、波动和动荡的系统中获取收益的能力。他认为，反脆弱性是一种超越复原力和强韧性的能力。复原力只是抵御冲击，并在遭受重创后复原的能力;而反脆弱性更进一步，它不仅超越了复原力，而且可以在压力下逆势生长，蒸蒸日上。

在这三年疫情中，出现了一些反脆弱性超强的企业，比如做美妆的上海清轩生物科技有限公司旗下品牌林清轩。疫情一开始，林清轩的300多家门店就有157家关门了，众多员工被隔离在家，销售额断崖式下跌。在绝望中，林清轩的创始人孙来春写下了《至暗时刻的一封信》发给全体员工，呼吁大家进行自救。林清轩的员工在家通过'钉钉＋手淘'成为智能导购直连用户，并借助'短视频＋直播'渠道带货，深度运营社群会员资产，促进转化。

从 2020 年 2 月开始，林清轩的销售额就恢复到正常水平，这主要得益于林清轩对于数字化智能化运营的提前铺垫。2017 年，林清轩就通过对接阿里巴巴集团控股有限公司（以下简称阿里巴巴）的数字门店系统，上线了业务中台，推进商品、门店、会员和组织的全面数字化和智能化系统的应用。线下顾客扫码后，通过数智化系统沉淀为公司的私域流量，客户数据由中台计算后驱动精细化运营和精准营销，拉动更多顾客进入流量池。正是由于林清轩提前布局线上，所以，在线下门店运营因为突发的疫情而停滞时，智能导购激活了这些私域流量，并转化为销售额反哺线下。"

……

晚上 7：00 多，LX 集团管理团队的战略规划之旅终于告一段落。经过一整天的"培训＋辅导"，未来三年的战略蓝图已初具雏形。第一次全程参与集团的战略规划让每个人都获得了一种全新的体验，大家带着满满的收获和成就感离开了会场。

第三章

如何做预算——市场营销

财务总监的烦恼

　　一大早，焦燕来到办公室，打开电脑，盯着屏幕呆坐了几分钟，还是没心情工作。昨天晚上和正在外地出差的昆总通完电话之后，她很久无法入睡。今天起床后，依然感觉心情郁闷，起因是销售公司新签的一笔价值 2 000 万元的订单。

　　每年的第四季度也是销售公司业绩冲刺的关键时期。今年的前三个季度，由于受到公共健康安全事件的影响，某些客户被迫取消或推迟了原定的采购订单。眼看年关将至，集团在年初给销售公司下达的销售额指标还有将近 30% 的缺口。总经理樊星感到压力山大，因为在 LX 集团，销售员的底薪通常只有 3 000 多元，大部分收入来自销售额的提成，如果销售公司在年底之前完不成预定目标，大家今年的收入肯定会大打折扣，这对整个销售团队的士气都会带来负面影响。最近，樊星经常听到有的销售员在私底下抱怨："今年的销售提成这么少，回家没法向老婆孩子交代啊。"就在樊星一筹莫展之际，一个大客户西西集团打来电话，要向 LX 集团订购一批价值 3 000 万元的特种电机，这个电话给樊星焦虑的心情带来了一丝安慰。

　　西西集团同时提出了一个条件，这批电机是为他们最近刚刚中标的一个油田开采项目提供安装配套服务而定制的，因为这是一个交钥匙工程，需要西西集团垫付全部资金。西西集团这两年业务扩张速度很快，在资金周转方面一直捉襟见肘，因此要求 LX 集团对这笔订单采用赊销的方式，货款要等到西西集团收到甲方的结算款之后才能支付，账期大概在 120 天左右。虽然条件苛刻，但樊星觉得这样的销售机会实在难得，便口头答应了西西集团提出的条件。根据 LX 集团的规定，对于赊销额度大和信用期超过 3 个月的订单，需要先提交财务中心审核批准后才能发货，于是，樊星给焦燕发了封邮件，说明了情况，并为西西集团提出了信用优惠政策的申请。

收到樊星的邮件，焦燕便从集团的销售记录中调出数据，发现西西集团还有一笔 800 万元的应收款尚未支付，账期为 90 天，现在已经超过付款期限 20 多天了。她又查看了最近几年来西西集团的信用记录，发现西西集团曾多次延迟付款，她给樊星回复了邮件，毫不犹豫地拒绝了他的申请。

樊星看到焦燕的回复自然不肯善罢甘休，他直接来财务中心找到焦燕，质问她："如果没有销售，集团哪来的收入？没有收入，你们财务中心账做得再好又有什么意义？不发货，公司靠什么生存？"

焦燕解释说，她之所以没有批准是因为西西集团的信用记录差，不值得信任。樊星却认为焦燕不识时务，不懂市场，不体谅销售团队的辛苦。他告诉焦燕，这些客户都是销售公司经过多年苦心经营开发出来的，是集团的衣食父母。焦燕依然寸步不让，她认为这些客户之所以得寸进尺，都是销售员们屡次退让的结果。她说："西西集团拿货可以，但必须先把上一笔货款付清再说。"最后，两人不欢而散。

晚上，焦燕接到了正在外地出差的昆鹏的电话，她料到樊星会向昆总告状。昆鹏在通话时提醒焦燕，今年的情况比较特殊，销售低迷，在这个非常时期，财务中心对业务单位的管控可以适当灵活一些，话里话外有为西西集团开绿灯的意思。但焦燕还是心存顾虑，她在电话里回应道："万一西西集团不按约定日期付款，或者拖得太久，会影响集团的资金周转，而且如果这次开了口子，以后怕是很难收紧了。"最后，昆鹏给了她一个模棱两可的指示，要求焦燕在确保集团资金安全的前提下给予销售公司必要的支持。放下电话，焦燕仍是不知所措，她该如何处理这件事呢？

当局者迷，旁观者清

就在焦燕左右为难之时，万慧来到了她的办公室："焦总，您现在有空吗？我想和您讨论一下我们刚刚更新过的预算编制模板。"

"万老师，您来得正好，我遇到了一个难题，您能不能先帮我想想办法？"

"好的，我不确定是否能够帮到您。"

焦燕将订单的事情一五一十地告诉了万慧，万慧沉思片刻，说道："焦总，如果单独就这个订单到底该不该发货的问题来讨论，由于财务中心和销售公司站的角度不同，大家各执一词，这个问题是永远无解的，最后只好让昆总来拍板，而对昆总来说，也只能是谁的声音大或者谁更强势听谁的，但这不是一种系统解决问题的方法。我觉得，您和樊总应该坐下来，围绕下面这四个问题，心平气和地讨论一下。

第一，在今年这种特殊的市场环境下，特别是现在已经到了销售业绩最后冲刺的阶段，为了抑制销售下滑的势头，缩小与年初所制定的业绩目标的差距，我们集团是否有必要对现有的赊销政策作出一些调整，适当地放宽对一部分客户的赊销额度和信用期？

第二，如果大家都认同赊销政策应该调整，就要根据具体客户的信用记录进一步讨论，对哪些客户的赊销额度和信用期可以适当放宽？放宽多少？对哪些客户的赊销额度和账期应保持不变？如果这次对西西集团网开一面，那么其他同一信用等级的客户向我们提出同样的赊销要求时，我们是否也应该接受？

第三，赊销额度和信用政策放宽之后，对我们集团所产生的风险和影响程度会有多大？可能带来的坏账损失及由于客户延期付款所产生的资金成本大概是多少？从我们集团目前的现金流状况来看，这些风险、坏账损失和资金成本是否在可承受范围之内？有没有超出我们的承受能力？

第四，这个相对宽松的信用政策仅适用于目前的非常时期，还是打算长期执行下去？如果只是作为权宜之计，打算执行多长时间？什么时候恢复原来的信用政策？"

"万老师，你讲得很有道理。但是，到目前为止，我们集团还没有形成一套标准化的客户信用管理制度，对每个客户的赊销额度和信用期基本上是根据他们的订单额和过去的付款记录，采用一事一议的做法。"焦燕回应道。

"焦总，这个问题不解决，也会影响咱们这个预算项目下一步的工作。如果LX集团没有一套比较完善的客户赊销价值评估与信用风险管理系统，我们按客户分类预测明年的销售额就会比较粗放，销售费用和资源分配也很难做到相对精准。"万慧面露忧色。

"这样吧，万老师，我现在就约樊总，看他今天什么时候有空，我打算就您刚才讲的那四个问题再去和他沟通一下，希望我们能达成一致，最好您也能够参加我们的讨论，从更专业的角度给我们一些指导。这个事情比较急，如果不尽快定下来，我做其他工作也静不下心来。"焦燕恳求道。

"好的，刚好我和乔老师要和樊总讨论明年的销售预算，你约他吧，如果他不方便过来，我们过去找他。"万慧点头同意。

"谢谢万老师，我马上和他联系。"焦燕很快就和樊星约定了开会的时间和地点："下午1：30，在销售公司小会议室，我们一块过去吧。樊总提议让销售公司的几位主管和大客户的销售员也参加一下，他们比他更了解客户的实际情况。"

"好的，我们顺便和樊总讨论销售公司如何配合财务中心在集团内部建立客户信用评价与赊销管理制度的问题吧，有了制度形成标准之后，再碰到类似的问题，就不会再互相扯皮了，您也不用这么为难了。"万慧建议。

客户资信调查是谁的事

"万老师，这也是我一直想做的事呀！以前我还专门参加过关于赊销管理和客户信用评价的培训，回来之后，我把老师讲的那些方法和工具发给樊总，让他们收集客户的信息和财务数据，但销售员们都不太愿意配合。他们认为，这些应该是我们财务中心的工作，他们的时间和精力应该放在拿订单和开发新客户上。

有人甚至提出，向客户索要财务报表会引起反感，显得我们对人家缺乏信任，那以后的生意还怎么做。但是，如果这项工作由我们财务中心来做，这些日子您也看到了，我这里人手有限，而且这几年集团的业务发展挺快，客户越来越多，财务中心实在没有能力承担这么大的工作量。"焦燕无奈地摇了摇头。

"我在以前的单位推进这项工作时也遇到过同样的阻力，但每次听到销售员的这种说法，我都会问他们一个问题：'假如你知道你的客户明天就要破产了，你今天还会继续跟他做生意吗？'销售员应该是客户资信调查的第一责任人，因为他们每年要把80%以上的时间和精力都花在客户那里，掌握的第一手资料最多，也是最了解客户家底的人。他们所掌握的这些信息对我们集团来说是一笔无形资产，如果不能及时储存到集团的数据库里，等到销售员离职的时候，这些无形资产就会随着他们的离开而一起流失。财务中心的任务，就是使用您学的那些方法和工具，对客户信息作出全面深入的分析，建立一套客户资信评估标准，协助销售员对客户的偿债能力作出相对精准的判断，这项工作只能以团队合作的方式来完成，不可能由财务中心100%地包办。"万慧解释道。

"下午开会时您把这个理念也传递给他们好吗？俗话说，当局者迷，旁观者清，这些话由您讲出来比我更有分量。"

"没问题。另外，要让销售员们理解，财务提出这些要求不是在为难他们，也不是要给他们的工作加码。财务中心和销售公司是一个命运共同体，我们财务团队是销售团队的合作伙伴，这也是这些年管理会计的发展对我们财务职能的最新定位。过去，我们财务人员在企业里扮演的是'账房先生＋守门员'的角色，主要职责是确保企业财税合规，防范财务风险，保证资金的良性循环。今天，财务管理已进入'业财融合'的时代，在这个大背景下，我们财务除了要当好'记分员'和'守门员'，还要成为业务团队的'教练员'和合作伙伴。"

从账房先生到业务伙伴

万慧的话引起了焦燕的兴趣："是啊，万老师，现在财务工作可太不容易了。

在财税合规和风控方面，我还算有点经验，但是，对于如何成为业务团队的合作伙伴，我实在找不着感觉，您能具体解释解释吗？"

"就以西西集团这件事为例吧，首先，我们财务中心对西西集团的经营状况和财务实力真正了解多少？掌握了多少信息？其次，我们能否依据掌握的信息从财务的角度对这份订单的赊销风险作出相对客观的评估和判断？还有，如果我们掌握的信息有限，无法作出判断，我们应当如何引导销售公司对西西集团做进一步的资信调查？这种更深入的调查甚至需要您参与其中，用您的专业判断给樊总和昆总提供决策支持。我认为，昨晚昆总最后的表态就是希望您能够站在他的位置上换位思考。假如让您代替昆总来拍板，您会作出怎样的决定？"

"我明白了，您的意思是说，作为一个守门员，既要确保大门不失守，还要能够发动和组织进攻，更多地介入到一线业务中去，帮业务经理作出更好的决策。"

"没错。"

"但是，要达到您说的这种水平太难了。您也看到了，目前财务中心的日常工作已经让我焦头烂额了，能守住大门对我来说都是一个非常吃力的工作。昆总也经常要求我更多地参与业务决策，可是我的时间精力实在是不够用啊。"焦燕叹了一口气。

"业财融合这件事肯定不能只靠您一个人去推动，需要培养一批能够给业务团队提供专业支持和服务的业务财务人员。在这方面，中兴通讯（中兴通讯股份有限公司，简称中兴通讯）做过一些尝试，他们的经验可能对你们会有一些借鉴作用。"

"您来介绍介绍好吗？也让我长长见识。"焦燕的兴致越来越高。

三足鼎立的财务分工

万慧习惯性地打开电脑，一张 PPT 跃然而出。（财务三支柱模式如图 3-1 所示）

"中兴通讯把财务职能划分为共享财务、业务财务和战略财务三个部分，简称财务三支柱模式，又被称作三足鼎立的财务分工，目前许多大型央企和国企都采用了这种模式。共享财务的主要工作是为各业务板块、分子公司提供账务处理、财务报表编制、财务信息披露与合规、纳税筹划和资金管理等标准化的专业服务。"

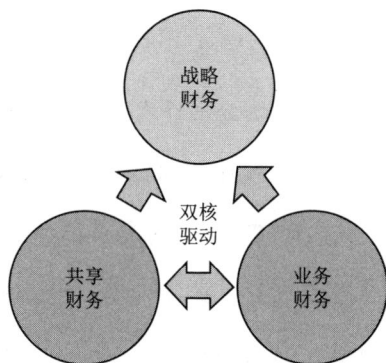

图 3-1 财务三支柱模式

"这些也是我们财务中心目前的主要工作，我也听说有许多大型集团企业都在建设共享财务服务中心，将财务会计的工作集中批量处理，大大降低了管理成本。"焦燕反馈道。

"是的，建设共享财务服务中心的前提是财务业务流程的标准化，而且需要一套强大的信息管理系统作为支撑。这几年，我们 TY 财税也在帮一些企业做这类项目，但是我发现，在实际的建设过程中真正做得比较好的公司并不多。"万慧回应道。

"我们财务总监班的同学告诉我，他们集团建立了共享财务服务中心之后，效率不升反降，各业务单元的财务人员和共享中心的财务人员分工不清，整天扯皮。"

"在业务单元工作的财务人员属于业务财务。业务财务的主要职能是从财务角度对各业务团队提供专业支持，包括参与业务决策、预算编制、成本管控和绩效评价。业务财务人员除了要有财务背景，还要懂业务，熟悉业务单元的行业特点、商业模式和业务流程。"

"现在 LX 集团最缺的就是这种人才，我们财务中心的员工对财务会计方面的工作基本上可以胜任，但要他们协助业务团队去做经营决策，这太难了，包括我自己在内。"

RPA 将取代财务人员吗

万慧又打开一张 PPT。（财务机器人的优势如图 3-2 所示）

"可是焦总，您注意到这个趋势了吗？财务会计的工作很快要被人工智能取代了。这两年，四大会计师事务所都分别开发出财务机器人，国内的一些财务软件公司也在推自主研发的 RPA（Robotic Process Automation，机器人流程自动化，简称 RPA），他们还曾经找我们向 TY 财税的客户推荐他们的产品。据说 RPA 的工作效率是一个普通财务人员的 5 倍，账务处理的误差率小于 0.05%，相比人工操作提升了 60 倍；另外，RPA 可以每周 7 天、每天 24 小时不间断地工作，不会请假，也不用休假，更不用给它上医疗、养老和失业保险。那些高频、重复性强的财务工作都可以交给 RPA 来做，而国产 RPA 的单价只有 15 万元，现在有些大型企业集团已经在使用了。所以，做我们这一行未来职业发展的出路一定是与业务深度融合，从财务会计转型到管理会计。"

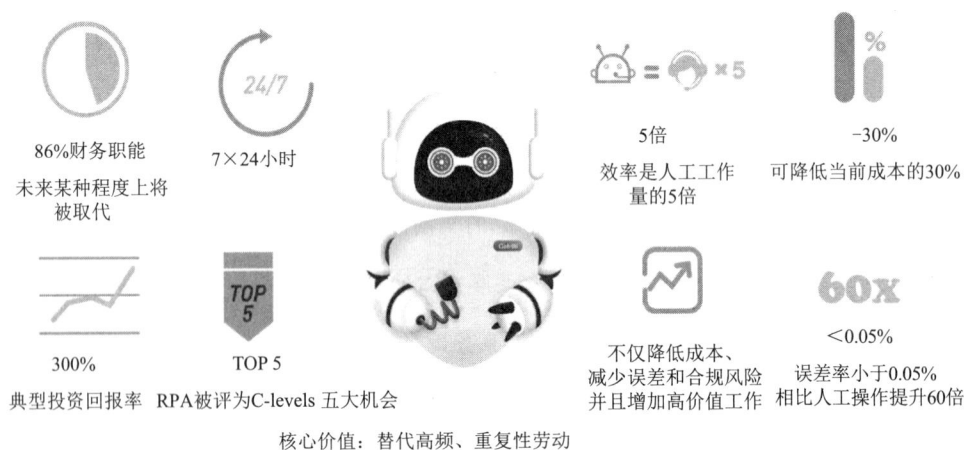

86%财务职能
未来某种程度上将
被取代

7×24小时

5倍
效率是人工工作
量的5倍

−30%
可降低当前成本的30%

300%
典型投资回报率

TOP 5
RPA被评为C-levels 五大机会

不仅降低成本、
减少误差和合规风险
并且增加高价值工作

<0.05%
误差率小于0.05%
相比人工操作提升60倍

核心价值：替代高频、重复性劳动

图 3-2　财务机器人（RPA）的优势

"是啊，看来我再不转型就要失业了。"焦燕在叹了一口气之后，问道："万老师，战略财务主要包括哪些职能呢？"

"我们现在正在做的事情就属于战略财务的职能，包括参与集团战略的制定，运用全面预算管理推进战略落地，对经营中可能遇到的各种风险进行评估，向集团领导班子提供改善行动计划和备选方案，为集团构筑一道风险的防火墙。"万慧解释道。

"万老师，那中兴通讯的业财融合具体是怎么操作的呢?"

业财融合的最佳实践

"中兴通讯实行的是像血管一样分布的财务代表制，由财务中心向每个业务部门派遣一名财务代表，从财务的角度为各部门提供专业服务和工作改进建议。比如：物流部的财务代表提出了按集装箱尺寸改进产品包装的建议，这样可以容纳更多手机，为集团每年节省几百万美元的物流成本；研发中心的财务代表提议修改手机的设计方案，大大降低了生产成本；销售中心的财务代表提议调整海外结算方式，帮助企业规避汇率波动风险。"

"万老师，中兴通讯的这个案例让我很受启发。等这个项目做完，我就要考虑明年如何重新定位我们财务中心的职能，对部分员工的工作可能要做些调整，到时候肯定还要向您请教。"

"没问题，高老师说过，这个项目做完，并不意味着我们之间的合作就结束了。很多客户在跟 TY 财税完成了一个项目的合作之后，都变成了我们的长期合作伙伴，甚至还聘请一些老师担任企业的独立董事和财税顾问，高老师现在就兼任 4 家公司的独董，我也兼任 3 家企业的财税顾问。我们 TY 财税给自己定义的使命是'陪伴中国企业一起成长。'"

"太好了，等昆总回来，我也向他建议，聘请 TY 财税做我们集团的顾问，咱们也长期合作。"焦燕的心情渐渐变得开朗起来。

放宽信用额度，势在必行吗

下午 1：30，焦燕、乔智、万慧、樊星和销售公司的几位销售主管和销售员聚集在销售公司的小会议室里。焦燕用投影仪连上电脑，做了开场白：

"关于西西集团的订单，我上午请教了万老师，万老师向我们提出了四个问题，我认为非常重要。这件事不仅涉及西西集团一家客户，它牵涉整个集团的赊销管理制度和客户信用政策的调整，也会影响集团的现金流。我建议我们先围绕这四个问题进行讨论，大家同意吗？"

"同意。"所有与会人员异口同声。

"我先声明，我提的建议仅供各位领导参考。我和乔老师参加今天这个会议还有一个目的，就是想借这个机会和咱们销售团队讨论如何预测明年的销售收入，根据这个项目的进度安排，这项工作应该马上开始了。"万慧补充道。

"好的，今天我们把两个议题都讨论一下。"樊星点了点头。

接着，大家围绕四个问题展开了激烈的讨论。

→ 基于目前的销售状况，是否有必要对集团的赊销政策做出调整？

→ 对于哪些客户的赊销额度和信用期可以适当放宽？放宽多少和多久？

→ 赊销政策调整会给 LX 集团带来哪些风险？是否超出了集团的承受能力？

→ 调整后的赊销政策需要执行多长时间？何时恢复原状？

"第一个问题基本上不用讨论了。从现在的情况来看，今年的销售指标肯定是完不成了。如果集团再不批准我们对客户放开赊销额度，等到了年底，我们销售公司的业绩将惨不忍睹。"

"第二个问题，除了西西集团之外，我认为，对其他大客户也应适当放宽信用政策，这些客户虽然拖欠货款的时间比较长，但他们的实力没有问题，最终肯定会付款的。当然，对那些实力较差的小客户，还是要坚持现款现货。"

"第三个问题，提高赊销额度肯定会导致应收款的增加，但这些钱最终是能够要回来的，我觉得对咱们集团来说风险是可以承受的。"

"第四个问题，从现在的市场和竞争状况来看，这种相对宽松的赊销政策需要持续很长一段时间，否则明年的销售会更难做。"

······

销售公司的与会人员纷纷发表自己的观点。等大家讲得差不多了，万慧开始提问：

"咱们销售公司对于大客户和小客户有没有一个明确的划分标准？比如，年销售额 1 000 万元以上的属于大客户，低于这个金额就算小客户？"

"万老师，目前还没有一个明确的标准。我们基本上是根据销售员搜集的信息，凭借主观判断对客户进行分类。"樊星解释道。

"这也是我们财务中心和销售公司经常为是否应该发货互相扯皮的原因，没有之一，因为集团对客户的分类标准规定不清晰，财务中心又不掌握客户的具体情况，我们只能根据每个客户应收款的金额和账龄来判断是否应该发货。"焦燕回应道。

"好的，那么当务之急就是要建立一个销售公司和财务中心共同分享客户信息的机制，根据销售中心所掌握的客户信息把客户分成三六九等，根据客户的不同等级建立一套客户赊销价值和信用风险评价系统，像银行那样，对不同等级的客户分别确定不同的信用额度和期限。所以，解决问题的第一步是你们两个部门要对具体的划分标准达成一致意见。"万慧提议。

"这项工作我们以前不是没有尝试过，但是，焦总设计的客户情况调查表太复杂了，客户的许多信息我们无法获取，销售员们都抱怨增加的工作量太大，最后就不了了之了。"樊星反馈道。

"调查表可以根据实际情况进行调整，这个属于工具层面的问题，但建立客户赊销额度和信用期限管理这项工作现在已势在必行。这一点大家都同意吧？"万慧问道。

"同意。"所有与会人员齐声回答。

如何给客户贴标签

"好的，只要大家先统一了思想，具体如何操作我们再想办法。如果你们认为焦总提供的调查表不太适用，大家来看看这个工具怎么样？"万慧打开一张幻灯片：（客户分类模型如图 3-3 所示）

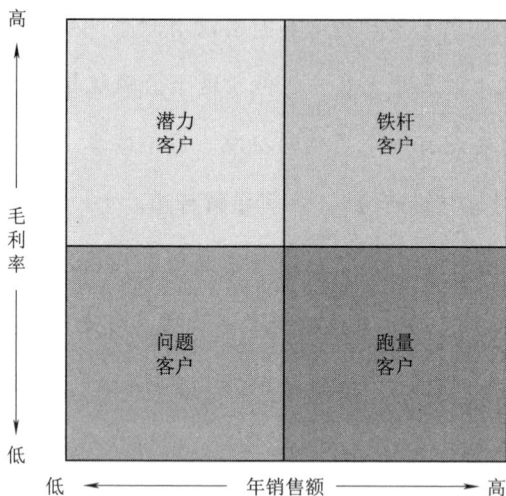

图 3-3　客户分类模型

"这是我们 TY 财税去年在为东邪集团做一个咨询项目时使用的客户分类模型，横轴是东邪集团对不同客户的年销售额，纵轴是不同客户采购东邪集团产品的加权毛利率。我们首先根据东邪集团提供的销售数据，然后按这两个维度将每个客户在图表中的位置标注出来，再采用一种简单粗暴的方法，分别在横轴和纵轴中间的位置划了两条直线，将客户简单地分成四大类：右上角是年销售额超过 1 000 万元、加权毛利率在 30% 以上的客户，这些客户被定义为铁杆客户；左上角是年销售额低于 1 000 万元、加权毛利率在 30% 以上的客户，我们将他们定义为潜力客户；右下角是年销售额高于 1 000 万元、加权毛利率低于 30% 的客户，我们将这类客户定义为跑量客户；左下角是年订单额低于 1 000 万元、加权毛利率也低于 30% 的客户，这类客户属于问题客户。有了这样一个标准，销售员就很容易判断哪些客户应适当提高赊销额度，采用相对宽松的信用政策；哪些客户可以适量赊销，采用比较严格的信用政策；哪些客户不可以赊销，必须现款现货。如果 LX 集团也按这个标准来执行，西西集团属于哪一类客户？"

"铁杆客户。"

"跑量客户。"

销售员们众说纷纭。

"LX 集团和东邪集团的行业不同，在客户规模上也存在较大的差异，散会后，乔老师会协助大家使用 LX 集团现有的数据建个模型进行分析，这样答案就更加清晰了。"

"万老师，这个工具的确不错！简单直观，明确清晰。但是，我们集团目前还没有上 ERP 系统，关于每个客户一年给我们下了多少订单，每个订单的毛利率是多少，去年和今年的数据还比较容易统计，但历史数据统计起来工作量可就太大了。"焦燕面露难色。

"那就先统计去年和到目前为止的销售数据吧。别忘了我们乔老师可是个建模专家。去年的那个咨询项目，他先后帮客户做了一千多张图表，横轴或者纵轴上的数字每调整一次，就要重新做一张新的图表，那真是一段疯狂的日子啊。"

"唉，不堪回首。"乔智苦笑着摇了摇头，补充道："一开始，我们先让东邪集团的销售员分别给自己的客户贴标签，看看他们管理的客户分别属于哪一个类别。结果，当我把用数据进行建模分析出的结果和销售员们自己贴的标签进行对比的时候，发现差异还是蛮大的。一些销售员自己定义的铁杆客户，用数据分析得出的结果是跑量客户；有些销售员自己定义的潜力客户，数据分析出来的结果是问题客户。"

"最近几年，很多企业都在探讨如何运用大数据为营销赋能，包括通过线上线下获取用户数据，运用各种算法对这些数据进行加工整理和分析，然后给不同的客户贴标签。其实，先不要讲什么大数据了，有许多现成的数据我们都还没有将它们的价值充分挖掘出来。"万慧感叹道。

破解"分蛋糕"难题

"没错。你们的客户分类模型很有价值，它不仅可以作为我们对客户进行信用评分和赊销管理的依据，还能够帮我们提高销售预测的准确度，以便更合理地分配有限的营销资源。万老师，有个一直在困扰我的难题就是，每年在给销售员下达销售指标时，几乎每个人都会向我提出一大堆困难，希望把目标定得越低越好。但在做销售费用预算时，每个人都向我抱怨分配给他的预算金额太低了，不够用，大家都希望自己拿到的资源越多越好。但是，昆总给我的资源是有限的，蛋糕就这么大，不可能满足每个销售员的期望值。你们这个工具让我脑洞大开，对明年销售指标的分解和营销费用的分配有了一些新的思路。"樊星伸出了大拇指。

"樊总，您说的这种现象在预算管理中还是挺普遍的。"万慧反馈道："目标最小化，资源最大化，'秋后算账'时红包最大化，这通常是企业的每个部门和员工在预算编制过程中的愿望。但就像您所说的那样，一个企业的资源是有限的，它不可能满足每个部门和员工的期望值，如何把有限的资源配置到最能产生价值的客户和产品中去，怎样合理地分蛋糕，这是令每一位负责销售的老总感到头疼的难题。数据分析的价值就在于它可以为您提供一些解决问题的思路，而数据分析也是财务人员最擅长的，在这方面，相信焦总的财务团队可以为销售公司提供很多有价值的专业支持和帮助。"

"没想到 TY 财税的老师们不仅能指导我们编预算，还帮我们找到了业财融合的切入点。"樊星真诚地表示。

"谢谢樊总！我还要补充两点，第一，我这张图是有瑕疵的，比如对客户分类所使用的方法比较粗放。你们在使用这个工具时，可以结合 LX 集团的实际情况对客户做进一步的细分，例如，可以将销售额分为高（5 000 万元以上）中（1 000 万元以上 5 000 万元以下）低（1 000 万元以下）三个级别，将毛利率也分为高（30% 以上）中（10% 以上 30% 以下）低（10% 以下）三档，就像商业银行那样，把客户分为 3A、2A 和 A 级或 3B、2B 和 B 级，以及 C 级客户。乔老师是数据达人，在这方面他可以帮到你们。"万慧补充道。

"太好了，先谢谢乔老师了。"樊星双手合十。

"第二，在对客户分类时，不能只看销售额和毛利率，因为这两项指标只是反映了这个客户对我们集团的赊销价值，并没有考虑他们的偿债能力，客户的赊销价值和偿债能力在客户信用等级评价中的权重至少应各占 50%。关于客户偿债能力分析和信用风险评估，焦总设计的调查表中需要销售员收集的信息还是非常重要的，建议会后销售公司和财务中心再约个时间讨论，根据销售员所能收集到的客户信息，将调查表中的问题适当简化。"

"好的。"万慧的提议受到了与会人员的一致赞同。

铁杆客户与潜力客户对比

"好的，关于客户赊销管理议题，大家还有什么疑问吗？"万慧欲转入下一个议题。

"我有个问题，这种客户分类的方法我们以前没有接触过，万老师能不能具体解释用销售额和毛利率这两个指标分类后的四种客户分别具有哪些特点？"一位销售主管问道。

"这个问题让乔老师来解答吧。"万慧端起茶杯喝了一口水。

"这是个挺专业的问题，我没做过市场营销，只能从数据分析的角度来说说我的理解。"乔智有点不好意思地说道。

"首先，按照'二八原则'，在一个企业中，通常20%的客户贡献了全公司80%的订单，这20%的客户就是你的铁杆客户。所以，如果你们集团对一个客户的年销售额约等于你们公司全部客户平均年销售额的四倍，那么这个客户肯定就是你们的铁杆客户了。当然，对不同的企业来说，这个比例可能会有所不同，有的公司可能是30%的客户贡献了年销售额的70%，还有的公司可能是40%的客户贡献了年销售额的60%，这几种情况我们在以前的咨询项目中都遇到过。

其次是复购率，也就是客户重复购买的次数，复购率的高低能够反映客户对你们公司产品的忠诚度，复购率越高说明客户的忠诚度越高，反之则越低。

再次，客户除了反复购买和使用你们公司的产品之外，还主动向自己周围的朋友推荐你们公司的产品，客观上起到了义务推销员的作用。

最后，当你们公司遇到危机和困难时，他依然挺你，不离不弃，患难见真情。

我觉得，只要具备了以上四点中的任何一点，都可以被认定是你们公司的铁杆客户。"

"那什么样的客户算是潜力客户呢？"另一位销售主管问道。

"潜力客户一般分为三种类型：第一种客户对我们的产品拥有很强的购买力，而且需求旺盛，但购买决策迟迟定不下来；第二种客户的特点是购买决策虽然定下来了，但采购的数量太小，而从竞争对手那里的采购量比较大；第三类客户对我们公司的产品复购率较低，但是对竞争对手的复购率却比较高。"

说到这里，乔智停顿了一下："关于跑量客户和问题客户的特点我看就不用再展开来讲了吧？各位都是营销专家，我是个理工男，班门弄斧了。"

"乔老师讲得很到位！"樊星鼓励道，随后他转向几位销售主管："这张图对我很有启发，我想到了几个问题，你们记下来。第一，我们集团对这四类客户去年和今年的销售量和销售额分别是多少？第二，销售公司这两年对四类客户分别投入了多少销售费用？每一类客户的投入产出比是多少？第三，明年除了要提高对铁杆客户的销量之外，用什么办法增加对潜力客户的销售额，让一部分潜力客户转变成我们的铁杆客户？还有，有没有可能把一部分问题客户发展成为跑量客户？散会之后，让乔老师指导你们分析研究，尽快拿出方案来。"

"好的。"几位销售主管齐声回答。

将产品分出三六九等

"樊总，这个工具除了用于客户分类，还可用于产品分类，明年的销售预测最好把这两个维度结合起来一起做。"万慧打开另一张幻灯片。（产品分类模型如图 3-4 所示）

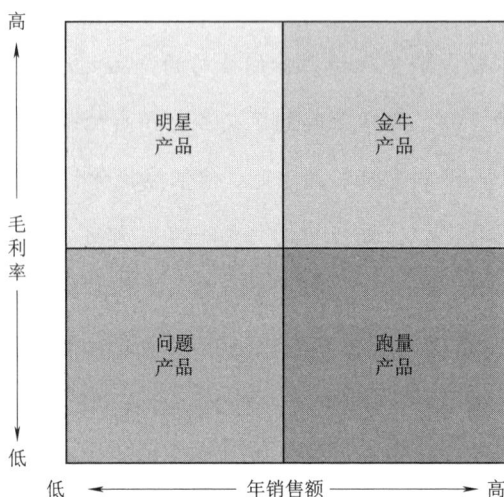

图 3-4　产品分类模型

"这是我们去年在给东邪集团使用的另一个工具，和客户分类模型相似，横轴是东邪集团每种产品的年销售额，纵轴是该产品的毛利率。我们也是根据销售数据，按这两个维度将每种产品在图表中落位，然后分别在图表的横轴和纵轴中间划了两条直线，将他们的产品分成了四大类。

右上角是年销售额超过 2 000 万元、毛利率在 30% 以上的产品，这种产品被定义为金牛产品；左上角是年销售额低于 2 000 万元、但毛利率在 30% 以上的产品，我们把它们定义为明星产品；右下角是年销售额高于 2 000 万元，但毛利率低于 30% 的产品，我们将这类产品定义为跑量产品；左下角是年销售额低于 2 000 万元、毛利率也低于 30% 的产品，这类产品属于问题产品。

最初，我们让东邪集团的销售员们凭感觉给自己负责销售的产品贴标签，然后，我们把通过数据分析得出的结论和根据销售员们的主观判断做出的产品分类进行对比，结果同客户分类的结果相似，二者之间存在较大的差异。一些销售员定义的金牛产品，用数据分析得出的结论是跑量产品；还有一些销售员定义的明星产品，数据分析出来的结果是问题产品。

所以，除了樊总提出的关于客户分类的几个问题之外，我建议再让乔老师配合你们同时梳理这三个方面的数据。第一，LX 集团这四种产品去年和今年的销售额分别是多少？第二，销售公司这两年对四种产品投入的营销费用分别是多少？每种产品的投入产出比是多少？明年是否需要调整？第三，明年预计这四种产品的销售额分别是多少？有哪些明星产品可能会变成金牛产品？哪些问题产品可能会被淘汰退出市场？如何提高跑量产品的销售额？建议把这几点也纳入明年的销售预案中。"

"谢谢万老师。"樊星转向几位销售主管："产品分类你们也一起做到方案里吧，就是要辛苦乔老师了。还有焦总，关于产品和客户的数据整理与分析要拜托你们二位了。"

"自己人不用客气。"焦燕和乔智同时说道。

销售业绩增长的四块"田"

樊星似乎意犹未尽,继续说道:"以前,我们主要按地区和销售员预测销售收入,这两个维度虽然涵盖了客户和产品,但颗粒度不够细。这两个模型帮我们打开了思路,而且非常实用。万老师,关于销售预测还有其他工具吗?"

"有的,但我不确定这次预算能否用得上,也和大家分享吧。"万慧又打开一张幻灯片:(销售业绩增长的"四块田"如图3-5所示)

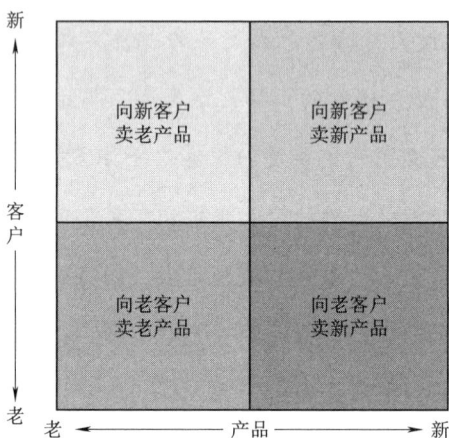

图3-5 销售业绩增长的"四块田"

"这个模型源自美国战略管理之父安索夫博士的产品:市场2×2矩阵,有人把它称作销售业绩增长的'四块田'。安索夫矩阵是以产品和市场作为两个基本维度,区别四种产品与市场的组合及相应的营销策略,是应用最广泛的营销分析工具之一,它的主要逻辑是企业可以选择四种不同的成长性策略来实现增加收入的目标。(安索夫矩阵如图3-6所示)

左下角是市场渗透策略,也就是向老客户推销老产品,通过让利促销或提升服务品质等方式增加老客户的购买量和复购率。比如,一些果蔬店、健身中心和美容院通过向客户售卖年卡消费充值的方式增加销售收入。

左上角是市场开发策略,企业在新市场上找到具有相同产品需求的客户,将产品定位和销售方式略做调整后,向这些新客户推销老产品。比如,这些年借力'一带一路'倡议帮助企业将产品卖到了'一带一路'的沿线国家。

	原有产品	新产品
新市场	市场开发 （Market Development）	多样化经营 （Diversification）
原有市场	市场渗透 （Market Penetration）	产品延伸 （Product Development）

图 3-6　安索夫矩阵

右下角是产品延伸策略，也就是向老客户推销新产品，利用现有的客户关系借力使力，扩大现有产品的深度和广度，或推出新一代及相关产品给现有客户，提高市场占有率。比如，小米专卖店通过向使用红米手机的'米粉'推销电饭煲、扫地机器人等家用电器来增加销售收入。

右上角是向新客户推销新产品，属于多样化经营策略，采用这一策略的企业，通常要在销售渠道、产品技术等方面拥有核心竞争力，这种核心竞争力能够帮助企业在新的市场获得某种协同效应，否则多元化策略失败的概率是非常高的。

在完成客户分类和产品分类之后，咱们销售公司能不能将产品和客户按照这四种组合分成'四块田'，每块田分别由哪位销售员来承包，明年可以打多少粮食，需要施多少肥料。这样在客户、产品和销售员之间建立对应关系，不同的客户、产品和销售员的定位各不相同，最终承接的指标也不同，有些要求销售增长率，有些要求营业利润，有些要求战略级客户突破。"

"这有点难。"一位销售主管表示。

"确实挺难，但一定要试一试，因为这个工具对我们销售公司来说非常重要。你们跟着我做了这么多年市场营销，如果昆总问我们今年这'四块田'的销售额分别是多少？估计没人答得上来，包括我在内。我认为这对咱们做销售的来说是一种耻辱。今天万老师分享的这几个工具为我们分析现状和预测未来提供了全新的视角，让我眼界大开，同时也让我们觉察到以前的销售预测过于粗放。你们要利用这个难得的机会多向 TY 财税的各位老师请教，明年的销售方案尽可能做到详细、务实，确保能够精准落地、有效执行。"

樊星的小结为这场简短而富有建设性的研讨会画上了句号。

销售总监的困惑

几天后的一个下午，在 LX 集团总部的小会议室，万慧和乔智正在向刚刚从另一个咨询项目现场赶来的高展汇报这两天销售公司预算编制工作的进展，樊星急匆匆闯了进来：

"万老师，乔老师，高老师也在，太好了。我有事要向几位老师咨询，能占用你们一点时间吗？"

"没问题，坐下聊吧，我们刚好也在讨论你们销售公司预算的事情。"高展回应道。

樊星落座后，乔智给他端上了一杯茶。

"谢谢乔老师，这几天真是辛苦你了，每天起早贪黑地指导我们用各种方法进行销售数据分析和收入预测，现在明年的销售方案总算理出一些头绪了。"

"应该的，樊总，您别客气，又碰到问题了吗？"乔智问道。

"是啊，收入预测得差不多了，但费用预算又不够用。往年，我们的销售费用预算一般都是按销售额的 10% 执行。明年，昆总要求我们在确保通用电机销量的基础上，加大智能电机的销售力度，在今年的销量基础上增长 30%。收入目标提高了，但销售费用的预算却一点没增加。我们上午在开会讨论的时候，智能电机的销售主管小张向我抱怨，他们今年的销售费用现在已经超预算支出了，明年的费用预算如果不增加，30% 的增长目标肯定完不成。

鉴于这种情况，我只好和通用电机的销售主管老王协商，希望他们明年能把销售费用对销售收入的占比从 10% 降到 8%，把更多的销售费用分配给智能电机的销售团队。但老王不同意，他的理由是通用电机市场这两年开始出现收缩的趋势，在这种大环境下，老板还要求他们确保明年的销售额不能下降，他认为，他们部门的费用非但不能削减，反而应该增加。

就这样，在上午的讨论会上，小张和老王各不相让，吵得不可开交，他们的理由听起来好像都有道理，我实在无法平衡，只好来找几位老师支招了。"

波士顿矩阵与营销资源分配

"这是一个带有普遍性的问题，很多企业在制订预算时都出现过这种现象。我们先来看一个模型吧，也许它对于解决困扰您的问题会有所帮助。"高展将电脑连上投影仪，打开了一张PPT。（相对市场占有率如图3-7所示）

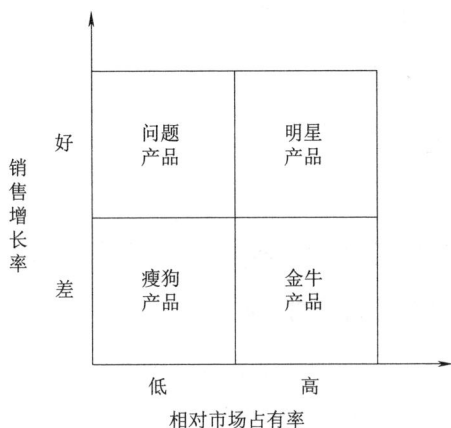

图 3-7　波士顿矩阵

"波士顿矩阵工具您肯定听说过吧？它是美国著名管理学家、波士顿咨询公司的创始人布鲁斯·亨德森在1970年提出的。他认为，一个企业的产品结构通常是由两个因素决定的，一个是市场吸引力，另一个是企业匹配度。市场吸引力包括整个市场的销量增长、竞争对手的强弱和利润的高低等，其中最主要的综合指标是销售增长率，这是决定企业产品结构是否合理的外在因素；企业匹配度主要包括市场占有率，企业的技术、设备和资金的利用能力等，其中市场占有率是决定产品结构的内在要素，它直接反映企业的竞争实力。

按销售增长率和相对市场占有率这两个指标分类，一个企业可以把自己的产品分为四个象限，也有人把它叫作四象限分析法，左上角象限中的产品销售增长率高，但市场占有率相对较低，属于问题产品。问题产品处于产品生命周期的哪个阶段？"

"导入期吧。"樊星回应。

"没错。一般来说，在导入期，产品刚刚问世，市场占有率不高，但是在这个阶段，企业的促销力度比较大，所以销售额增长得很快。在LX集团，哪类产品属于问题产品？"

"应该是小张他们那个团队销售的智能电机。"

"我们再来看一看右上角，这个象限里的产品属于明星产品，它的特点是销售增长率和市场占有率都比较高，说明发展前景良好，企业的资源匹配度也比较高，意味着产品进入了成长期。"

"永磁电机就是我们当下的明星产品。"

"右下角是金牛产品，它的特点是销售额的增长放缓，但仍然保持着比较高的市场占有率，说明这种产品已经进入成熟期，前景不太乐观。"

"目前老王那个团队销售的通用电机就属于这种情况。"

"左下角的瘦狗产品，销售增长率和市场占有率双低，说明产品已进入衰退期，市场营销应采用收割策略。"

"瘦狗产品在我们集团不多，这两年该淘汰的差不多都淘汰了。"

"好的，樊总，从理论上讲，企业是不是应该把更多的营销资源投放到问题产品和明星产品上，让问题产品尽快变成明星产品，让明星产品尽快成为企业的现金牛呢？如果这两种产品缺乏足够的投入，当现在的金牛产品有一天进入衰退期变成瘦狗产品的时候，企业的增长就变得不可持续了。"

"是啊，道理他们也都懂，可真到了分钱的时候，就只打自己的算盘了。"

"这种情况我在以前的公司里也遇到过，问题的关键是，虽然大家都一致认同明星产品是公司的未来，但你们当下的主营业务是明星产品还是金牛产品？"

"肯定是金牛产品，在我们集团，目前通用电机的销售收入占销售总额的60%以上，所以，老王绝对处于强势地位，有很大的话语权。而我作为销售公司的总经理，也不敢轻易削减他们那个团队的费用，因为每年一半以上的销售业绩要靠他们来完成啊。"

"那等于又回到了金牛会不会变成瘦狗的问题，您刚才说，根据老王的反馈，这两年通用电机的销售已经出现了下滑的趋势，如果智能电机缺乏足够的营销资源投入，无法在几年之内成为 LX 集团的金牛产品，风险更大。"

乐百氏案例的启示

"高老师，您看这样行不行？我刚才在过来的路上想出了一个办法，想听听几位专家老师的建议。我打算把老王和小张他们那两个销售部门合并，让老王担任一把手，小张任副职，同时销售所有的电机产品，因为通用电机和智能电机的客户本身就有一些重合，销售费用预算对销售总额的占比不变，还是 10%，但具体对哪一类产品投入多少销售费用由他们自己决定，只要总的费用支出不超过预算就行。这样，既能保证明年通用电机的销售额不下降，还能抓住机会把智能电机的销量也做上去。"

"这个办法不错。"万慧和乔智同时表示赞同。

"对不起，樊总，我可能要给您泼点冷水了。"高展的话令大家颇觉意外，他缓缓地解释道："有时候，梦想很丰满，现实很骨感。有不少企业曾经尝试过您这个办法，但是效果不太理想。大家都知道乐百氏这个品牌吧？"

"知道，以前是做纯净水的，听说后来被法国的达能集团收购了。这些年在市场上几乎看不到他们的产品了。"万慧回应道。

"广东乐百氏集团（以下简称乐百氏）在被达能集团收购之前，在国内的纯净水市场曾经是一个很有知名度的品牌，他们在纯净水销售进入成熟期之后，曾经推出过一种茶饮料，包括绿茶、红茶和茉莉花茶等产品，但销量一直做不上去，最后只好放弃了。乐百氏的创始人何伯权在总结茶饮料产品市场营销失败的原因时说过：'我最大的失误就是不应该让同一支销售团队既卖纯净水又卖茶饮料。'"

"茶饮料和纯净水这两种产品的市场重合度很高啊，比我们电机市场的客户重合度高多了，为什么不能让同一批人同时销售两种产品呢？"樊星有些迷惑不解。

"何伯权最初的想法和您一样，他觉得只要对销售员在纯洁水和茶饮料两种产品的销售提成比例上拉开档次就可以解决问题。比如，为了鼓励销售员更多地销售新产品茶饮料，将对茶饮料的销售提成奖励定为纯净水的 2 至 3 倍，这样既可以保住纯净水的销售额，又能把茶饮料的销量做上去。但最终的结果是，纯净水的销售额维持不变，甚至略有下降，而茶饮料的销售一直不见起色。"

"那是什么原因造成的呢？"

"在这个世界上，绝大多数人都有一种趋利避害的倾向，如果你的老板给你同时下达两个任务，一个比较容易完成，另一个挑战性很大，你会优先完成哪一个？"

"肯定是先把比较容易的事做了，然后再去做更有挑战性的任务。"乔智回应道。

"你已经回答了樊总的问题。假如你是乐百氏的销售员，在投入相同时间和资源的情况下，卖纯净水可以完成 1 000 万元的销售额，而推销茶饮料只能完成 500 万元，你的选择肯定是先把容易实现的目标达成，而另一个相对难以实现的目标如果有精力就去试，没有精力也就放弃了，至少有第一个 1 000 万元垫底，这就是乐百氏的茶饮料销售没有做起来的一个重要原因。

"不仅仅是乐百氏，许多中国企业把第一个产品推向市场获得成功后，后面推出的产品就再难以复制第一个产品的辉煌了。所以，樊总今天遇到的问题并非个别现象。作为销售公司的掌门人，如何在不增加甚至需要削减金牛产品销售团队一部分销售费用的情况下，又要求他们保持一个较高的销售额，这几乎是一个无法完成的任务。打个通俗的比喻，既要让马儿拼命跑，还要求马儿少吃草。"

听到这里，樊星、万慧和乔智都笑了起来。

样样通，样样稀松

高展继续引导："我以前工作过的那家外企把大中华区的销售员分成两支团队，一支团队负责基础业务，主要任务是向老客户卖老产品；另一支团队负责开拓新业务，主要任务是向新客户卖新产品。记得我们大中华区的销售总监做过一个特别形象的比喻，他说做基础业务的销售团队就像农民种地，只要按时浇水和施肥，到了秋后就会有收成；而从事新业务开发的销售团队就像一群猎手，运气好的猎手能打死一头老虎，运气不好的很可能在相当长的一段时间内一无所获。所以，新业务团队的销售员销售业绩方面的压力特别大，他们必须全力以赴把这块业务做起来。假设你是这个团队的销售员，如果你忙忙碌碌干了一年，花了不少营销费用，但是到了年底一个订单也没拿到，那你是不是感觉自己没有面子在公司继续待下去了？

但是，如果采用樊总刚才讲的办法，让一个销售员同时做基础业务和新业务，就会出现乐百氏的那种局面，对销售员来说，即使新业务的业绩指标没有达成，至少有基础业务垫底。所以，通常我给客户的建议是，尽量不要让同一支销售团队既卖新产品，又卖老产品，'一手托两家'的结果很容易变成样样通、样样稀松。"

"高老师，我明白您的意思了，也赞同您的建议，但是您刚才提到的'既要让马儿跑，还要马儿少吃草'那个难题又如何破解呢？"樊星问道。

他山之石：三星如何巧分营销资源

高展答道："这确实是一个世界性难题。坦率地讲，我到现在也没有想出一个万全之策。但是，前些年，我从一本《哈佛商业评论》杂志上看到过一个案例，介绍韩国三星集团是怎样分配市场营销费用的，我觉得对解决这个难题似乎有所启发。

三星集团是一个业务多元化的集团型企业，拥有上千种产品和几百个事业部。据说三星集团每年的市场营销费用预算总额大概是两亿美元，这听起来似乎是很大的一笔钱，但请你们想象一下，如果你是三星集团的销售总监，要把这块两亿美元的蛋糕合理分配到每个事业部的每一种产品上，这几乎是一项无法完成的任务。

三星集团全球负责销售业务的副总裁冥思苦想了好几天，始终找不到一个相对合理的解决方案。于是，他决定先聘请一位营销讲师对他的销售主管们进行培训和洗脑，培训的核心内容就是波士顿矩阵。他让这些销售主管按照讲师所讲的定义将自己团队所销售的产品分别在波士顿矩阵的四个象限中落位，看看自己的产品位于哪个象限，是问题产品、明星产品，还是金牛产品或瘦狗产品。

等到所有人对产品定位基本达成共识后，再来制订销售费用预算分配的原则。问题产品或明星产品是公司未来的希望之星，肯定要优先配置更多的营销资源；对于瘦狗产品采取收割策略，费用预算大幅度削减；而对金牛产品适当降低销售费用的投入。这样才能够保证将更多的资源配置到问题产品和明星产品中去。由于每一类产品的资源配置不同，对下一财年的销售业绩指标也有所区别。对于金牛产品，由于配置的资源略有缩减，所以对增量的要求也适当降低，甚至与今年持平即可；而对问题产品和明星产品，由于公司投入了更多的资源，所要求的增长幅度也大大高于金牛产品。樊总，这个案例对解决您的问题是不是有点帮助？"

"很受启发。我回去试一试吧，谢谢三位老师。"樊星回答说。

一刀切与零基预算法对照

高展补充道："樊总，另外我觉得，将销售收入的10%作为销售费用预算总额，这种一刀切的做法过于粗放，销售费用预算应当尽量明细，最好采用零基预算法，具体问题具体分析，找到每个项目背后做事与花钱的因果关系。"

"什么是零基预算法？"樊星问道。

"简单地说，就是在编制预算的时候，既不考虑这个项目过去花了多少钱，也不考虑明年要完成多少销售指标，一切从零开始，重新评估这个项目开支的必要性。比如，以差旅费为例，如果是向老客户推销老产品，销售员可能一分钱差旅费都不用花，照样能够完成明年的销售指标；如果是向新客户推销新产品，他可能多次拜访客户，一分钱订单也没拿到，但他还是需要更多地去拜访客户，花更多的差旅费。所以，费用预算一定要具体问题具体分析，切忌一刀切，这就是零基预算法的基本原理，具体的费用预算编制，最好请财务中心焦总派人协助你们完成，你们约好时间，到时候万老师也会过去指导你们。"

"太好了，今天真是受益匪浅，不耽误三位老师的时间了。"

樊星高高兴兴地离开了小会议室。

第四章

如何做预算——研发与生产

BOM 预算应该谁说了算

一大早，在 LX 集团总部的小会议室里，钱锋、万慧、乔智一起讨论确定了当天的工作安排，万慧和乔智分头去了财务中心和销售公司。这几天，高展因为 TY 财税的其他项目临时离开了 RS 市，LX 集团的项目暂时由钱锋牵头负责。钱锋刚刚打开电脑，鲍远和闫飞就找上门来。

"钱老师，您来评评理，你们 TY 财税不是给很多生产型企业做过咨询吗？在其他企业，新产品的物料清单（Bill of Material，简称 BOM 预算）应该由哪个部门说了算，研发还是生产？"鲍远问道。

钱锋被问得有点发蒙，他并没有急于回答，而是反问："我不太明白您的意思，能不能具体解释您的问题？"

"唉，这个问题在我们生产厂和研发中心之间已经争议很久了。最近销售公司接了一家大客户的订单，他们要采购一种特型电机，这种电机是专门用于油田开采行业的，客户对产品的配件和工艺提出了许多特殊的要求，按集团的流程，对这种定制化程度比较高的订单，通常先由研发中心设计出新的物料清单，我们生产厂再按照他们的设计进行加工。可是，昨天我们厂的工艺负责人小宫向我反映，按闫总他们的设计，需要采购中心采购许多高级配件，而且我们的生产流程也会变得更加复杂，需要消耗更多的工时和其他辅助成本。小宫提出了几条关于零配件替代和工艺调整的建议，这样可以节省一大笔钱。他把这些建议反馈给研发中心之后，却被他们一口拒绝了。"鲍远怨气冲天。

"鲍厂长，那是因为小宫的建议根本就不靠谱。我们研发中心确实认真研究了他提出的方案，如果按小宫的想法修改物料清单，使用的零配件档次太低，采用的技术也比较陈旧，不符合客户的要求；而且，如果按他的建议简化工艺流程，有可能会造成产品质量下降。如果因为这些原因而造成客户退货或者索赔，这个责任由谁来负，谁又能负得起呢？"闫飞也不甘示弱。

"你们研发中心总是拿技术和质量这些指标来压我们，从来不考虑我们生产厂的难处。今年昆总要求我们生产厂把总成本至少降低5%，但最近来自销售中心的定制化订单越来越多，加工起来非常麻烦，如果每个订单都按你们的设计来加工，不仅生产厂的降本目标无法完成，而且我们的成本也会大大增加。"鲍远反驳道。

"成本增加这笔账不能算在我们研发中心头上！昆总一直强调，产品代表人品，质量就是生命，咱们LX集团之所以能在内卷严重的电机行业中生存下来，靠的就是过硬的技术和可靠的质量，你们降低成本总不能以牺牲质量为代价吧？成本问题你们应该跟樊总去协商，那是你们生产厂和销售公司之间的事。如果价格太低，应该让销售员去和客户沟通，让客户明白，好产品就应该卖一个好价钱！"

"你说得倒轻巧！这些年，为了产品的内部定价，我们生产厂没少跟销售公司扯皮，他们的答复是，产品的价格是市场和客户决定的，不是由我们的生产成本和你们的物料清单决定的，客户就是上帝！现在的生意越来越难做，客户每年都要求我们的产品降价，你还想给人家涨价，这不是白日做梦吗？"鲍远的怨气更大了。

一杯咖啡吸收宇宙能量

见二人争执不下，钱锋意识道，这个问题的解决方案不是他几分钟之内就可以搞定的。于是，他倒了两杯咖啡分别递给鲍远和闫飞：

"二位领导不要急，记得我们公司在北京的写字楼里有家咖啡厅，它的广告词是：'人生无解，多喝拿铁；项目一堆，来杯咖啡！'"

紧张的气氛瞬间得到缓和，鲍远和闫飞都被钱锋的话逗笑了。

"要是喝咖啡能解决所有问题，应该让昆总在咱们集团的一楼也开个咖啡厅。"鲍远回应道。

"我觉得，你们应该向昆总提议。"钱锋表示赞同："华为技术有限公司（以下简称华为）创始人任正非曾经说过：'一杯咖啡吸收宇宙能量。'他鼓励员工多喝咖啡，特别是要主动去和跨界的人一起喝咖啡，通过交流增长见识，优化自己；他强调公司要开放，让各种思想相互碰撞、对冲，吸收彼此的能量，这样也会对自己的研究成果产生贡献。"

"钱老师，要是这么说，我们研发中心是不是应该搬到星巴克去办公了。"闫飞附议道。

看到鲍远和闫飞的情绪都有所放松，钱锋又回到刚才的话题："你们的问题我大概听明白了，但我没有办法马上给出一个明确的结论。如果两位领导现在有空，我们可以用一个多小时的时间讨论，看看物料清单（BOM 预算）到底应该由谁说了算，也许我们可以找到一个相对合理的解决方案。"

"好啊，我没问题，生产厂上午的工作已经安排好了。"鲍远表示。

"我上午也没什么急事，那咱们现在就开始吧。"闫飞提议。

提高产品价值的五种策略

钱锋从电脑里翻出一个 PPT 课件：

"不知道两位领导有没有听说过'价值工程'这个概念？英文叫作 Value Engineering，简称 VE。"

"没有。"鲍远摇了摇头。

"我好像听说过，但具体内容记不太清了。"闫飞回答

"好的，这个概念对于咱们今天要讨论的这个问题非常重要，所以，我先和

二位分享。"钱锋将电脑连接上投影仪，开始了简短的演示。

"价值工程是20世纪四十年代由美国通用电气公司工程师劳伦斯·迈尔斯创建的，它的基本原理是通过对产品的功能（Function）和成本（Cost）进行比较分析，选择合适的产品设计方案。我们来看这个公式：V=F÷C，它的定义是一个产品的价值等于它的功能与成本的比值，这就是价值工程方程式：价值＝功能÷成本。（价值工程：成本与功能的关系如图4-1所示）

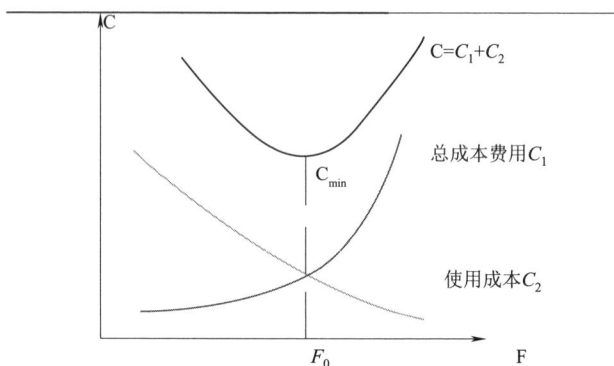

图4-1　价值工程：成本与功能的关系

一般说来，一个产品的功能越完备，它的使用成本就越低。同时，产品的功能越多，它的总成本就越高，这个总成本主要指的是研发成本和生产成本；相反，一个产品的功能越少，它的使用成本就越高，但是总成本会大大降低。价值工程分析的核心是要找到成本与功能之间的平衡点，即使用成本曲线和总成本曲线相交的那个点所对应的功能（F_0）。

根据这个方程式，企业可以采取五种策略来提高产品的价值：第一是在增加功能的同时降低成本。你们觉得这一招在咱们集团行得通吗？"

"不太现实。"闫飞摇了摇头。"一般来说，要增加产品的功能，肯定需要投入更多的成本和资源，总成本非但没有可能下降，反而会快速上升。"

"那让我们来看看第二招，能不能在成本不变的基础上让一些功能得到增强？"

"这招也挺难的，成本不变就是不允许增加投入，不投入任何资源就想增强产品的功能，这不是等于又想让马儿跑得快，还想让它不吃草吗？"鲍远摇头否定。

"那再来看看第三招，能不能在产品的功能保持不变的基础上降低成本？"

"这倒是有一定的可行性，可以通过优化工艺流程、提高工人的技术水平和生产操作的熟练程度来实现，这也是我们生产厂一直在努力的目标。"鲍远回应道。

"好的，第四招是有意识地增加成本，让功能得到更大的提升。"

"我觉得这种方法可以尝试！"闫飞开始点头。

"最后一招，适当压缩产品的一部分功能，让成本得到大幅度降低。"

"这一招当然可行，但客户能够接受吗？"鲍远和闫飞齐声回答。

"苹果"淘汰"黑莓"的故事

"现在我们讨论到问题的关键点了，客户能不能接受，这个问题不应该由研发中心来回答，也不应该由生产厂说了算，只能通过市场调查，让客户回答。"钱锋小结道。

"销售公司每年都会进行市场调查，樊总也经常随销售员走访客户，对于大客户，甚至昆总每年都会去登门拜访。从市场调查的结果来看，这些年，客户对电机产品功能方面的要求越来越高，但是又不愿意提高他们的采购价格；而在我们上游，采购中心米总提供的信息是现在许多电机零部件的中小生产商都撑不下去了，他们有的在静默停产，有的干脆关门了，这种情况造成我们的供应链很不稳定。为了防止断供，对于那些重要的零部件，采购中心不得不帮我们多备一些货，而且这些材料的价格也一直居高不下。生产厂两头受到挤压，盈利空间越来越小。有的订单从销售公司一接单我们就发现按我们的成本根本做不下来。如果硬要做，肯定是赔本赚吆喝。但销售公司总是向我们强调，这些都是来自大客户的订单，如果我们嫌价格低拒绝了人家，以后他们有赚钱的订单也不会来找我们了，真是让我们左右为难。"鲍远又皱起了眉头。

"市场调查的确非常重要。但我们的销售员在拜访了客户之后有没有对他们的需求进行过更加深入的研究分析？换句话说，我们是不是真正了解客户的痛点问题在哪里？"钱锋问道。

"什么意思？钱老师，您是说，销售团队并没有掌握客户的真正需求吗？"闫飞一脸困惑。

"先不要忙着下结论，我来讲一个案例，你们都知道黑莓公司吧？"

"当然知道，那可是一家非常有名的公司，我还用过他们的手机呢。"闫飞回答。

"你还记得黑莓手机有哪些特征吗？"

"屏幕特别亮，键盘看上去就像一粒粒的草莓，待机时间长，使用起来功能跟电脑差不多。"

"黑莓手机跟你现在用的苹果手机有哪些不同呢？"

"这是两种完全不同风格的手机，好像没有可比性吧？"

"那你现在为什么选择苹果而放弃黑莓了呢？"

"这个问题我还真没想过。大概是因为黑莓手机过时了吧？我已经有很长时间没关注过黑莓公司了，是不是已经倒闭了？"

"倒闭倒是没有。但前些年，黑莓公司一直在破产清算的边缘挣扎，曾经差一点被联想集团收购，现在基本上已经快被人们遗忘了。可是，你们知道吗？智能手机的先驱其实不是苹果公司，而是黑莓公司。黑莓手机最突出的特点就是安全性能高。"

"但是，这么优秀的黑莓公司是怎么被苹果公司取代的呢？"鲍远问道。

"鲍总的这个问题问得非常好！我们一起来做个假设吧，黑莓和苹果这两家公司在开发智能手机之前，肯定也都花钱做过市场调研。如果他们委托的市场调研公司水平非常接近，那么他们获得的调查数据也应该大致相同；另外，两家公司当时的技术水平也是不相上下的。按理说，根据这些大致相同的市场调研数据，两家公司对用户需求分析所得出的结论也应该是基本相同的，对吧？而且，这两家公司的研发能力在当时也是旗鼓相当。假设他们都使用了市场上最先进的数据分析技术和算法，那么，他们所开发出来的产品是不是也应该基本相似啊？"

"是啊，钱老师，你的分析推论很有道理。"闫飞回应道。

"但为什么这件事发展到后来的结果是：两家公司分别开发出两种风格截然不同的产品，而且这两种不同的产品导致了两家公司截然不同的命运——黑莓公司一直在破产清算的边缘挣扎，而苹果公司现在变成了全球最有价值的品牌。"

乔布斯与拉扎里迪斯

"可能是因为苹果聘请了乔布斯吧？"鲍远回答道。

"没错。有时候，一个企业的'一把手'确实起着最关键的决定性的作用。其实，黑莓公司的创始人也是一位非常出色的企业家，他的名字叫迈克·拉扎里迪斯，他既是黑莓手机的发明者，也是黑莓公司的 CEO，他的聪明才智、执行力同乔布斯及任何科技大咖相比都是毫不逊色的。

苹果手机淘汰黑莓手机并不是在一夜之间发生的，市场也给过拉扎里迪斯不止一次的机会。苹果手机是在 2007 年开始发售的，它并没有立即打败黑莓手机。直到 2009 年，黑莓手机仍然占据美国智能手机 50% 的市场份额，但是，仅仅在五年之后，即 2014 年，黑莓的市场份额就只剩下不到 1% 了。

拉扎里迪斯对黑莓手机的定位是一个用键盘打字发邮件的办公工具，他对其他所有的事情都不感兴趣。早在 1997 年苹果手机还没影儿的时候，黑莓公司的一个工程师就向拉扎里迪斯建议，应该在手机上安装一个互联网浏览器，让人们能用手机直接浏览网页，但是被拉扎里迪斯拒绝了。他认为黑莓手机就是办公用的，装个浏览器，一来费电，二来谁没事儿会用手机那么小的屏幕上网啊。

2010 年，黑莓公司内部曾有人提议，能不能做一个手机和手机之间的即时通信应用，这样可以让同事通过短信直接联系，比发邮件方便多了，但这个提议又被拉扎里迪斯拒绝了。他觉得，搞这么一个即时通信软件，就得允许黑莓手机和其他手机协作，这不是等于在帮助别的手机做大市场吗？拉扎里迪斯只想为黑莓手机的铁杆粉丝服务，他没有意识到这相当于为了几百万人放弃了一个几十亿人的庞大市场。

而在乔布斯看来，客户虽然需要键盘输入，但并不等于要在手机狭小的屏幕上再安装一个键盘。另外，如果手机可以提供丰富的娱乐内容，客户也不会介意每天给自己的手机充电；就算价格贵一些，只要能够获得丰富的视听享受和良好的体验，客户也会觉得物有所值。乔布斯对智能手机娱乐功能的关注，将苹果手机的用户群从办公室的白领扩展到更多的人。所以，有时候客户的需求不是被发现的，而是企业自己创造出来的。

客户需求调研通常只要委托市场调查公司，花上一笔钱，就可以获得大量数据，而产品经理基于数据分析对客户的核心需求所作出的常识性判断，往往对最后的结果起着至关重要的作用。这种常识，并不像百科全书所解释的那样，是一种众所周知、无须论证的知识，更不是一种与生俱来、不需要特别学习的能力。当企业的掌门人或者产品经理需要依据事实和数据分析作出自己的判断和选择的时候，每个人基于各自不同的人生阅历和积淀所作出的常识性判断就会出现一些差异，这些差异可能微乎其微，但它们往往会成为最终导致企业命运成败的关键。

俗话说：'耳听为虚，眼见为实。'在这个令人眼花缭乱的大数据时代，我们亲眼所见的很多东西也未必就是事实的真相，作为产品经理，去伪存真的能力尤为重要。特斯拉的创始人埃隆·马斯克通过物理学的方式，运用第一性原理，找到了穿越迷雾的方法，而乔布斯找到了智能手机用户的痛点。因此，如何打开视野，培养对常识性问题的认知能力，不断增强对事物本质的判断力，这是每个产品经理的必修课。"

听完钱锋的一席话，闫飞陷入了沉思："钱老师，我以前一直认为，我们研发中心只要按客户的要求把产品设计出来就算完成任务了，从来没想过要透过现象看本质，深入挖掘客户的核心需求，甚至像乔布斯那样能够引导和创造客户需求。您讲的这个案例，让我真正明白了为什么乔布斯是一个伟大的产品经理。"

产品成本的 80% 由设计决定

钱锋继续引导："现在回到咱们刚才讨论的价值工程方程式。通过苹果和黑莓公司这个案例，是不是可以得出这样一个结论：只有挖掘到客户的真正需求，才能对产品功能的优先级作出正确的判断和取舍，看看哪些功能是客户最在意的，甚至是他们的痛点问题，哪些功能属于锦上添花，甚至是多余的。只有这样，我们才能把有限的资源聚焦到客户认为的最重要的功能上，尽量压缩那些对客户来说优先级比较低的功能，也只有这样，我们才能从源头上控制成本。"

鲍远也感到豁然开朗："您讲的这个案例也让我深受启发。我曾经参加过精益生产方面的培训，记得讲课的那位老师说过，一个产品的成本有 80% 是在设计阶段决定的。"

"是的，鲍总。这是日本企业关于成本企划的概念。"说着，钱锋从自己的双肩挎背包里取出一个半透明的塑料袋，里面装着一套牙具。

"这是我有一次出差入住如家快捷酒店时见到的牙具，感觉它的设计挺有意思，就收藏起来了。你们看看，如家快捷酒店的牙具跟三星或四星酒店里的牙具有什么不同？"

"装牙刷的盒子没有了。"

"牙膏的量小了。"

"请问这两个差异会影响你们住酒店的体验吗？"钱锋接着问。

"会有点不爽，感觉如家未免太寒酸了。不过既然是经济型酒店，客人一般也不会太计较吧。"闫飞微笑着说。

"这个设计对我来说可以接受，平时出差，酒店每天免费提供的牙膏基本上用不完就扔掉了，有点可惜，感觉太浪费了。"鲍远回答。

"如家快捷酒店的牙具设计就是一个典型的成本企划的例子。让我们来看看这张表。"钱锋打开一张表格。（经济型酒店牙具价值工程分析见表 4-1）

表4-1 经济型快捷酒店牙具价值工程分析模型

牙具的成本因素	重要度(高中低)	成本（高低）	决定
纸盒	低	高	去除
塑料袋	中	低	维持
牙刷柄	中	高	下降（做成中空）
毛刷	高	高	维持（与业界持平）
膏体	中	高	下降（量减少，够刷两次即可，容量变为2 g）
牙膏帽	低	中	减少（创新打开方式）
牙膏壳	低	中	减小尺寸

"虽然酒店牙具的设计和我们的电机设计有天壤之别，电机要比牙具复杂得多，但是它们设计背后所遵循的价值工程的逻辑却是相同的。通过这张表可以看出，产品成本的80%通常在研发设计阶段就被固化下来了。如果研发设计环节出现了成本浪费，那么这种浪费一定是非常惊人的，但同时又很难被发现，所以，一个企业要想从源头上控制成本，首先应该从产品的研发设计环节开始。"

重新思考研发设计

闫飞似乎受到了很大的触动："钱老师，这张表让我惊出一身冷汗。我们研发中心在设计产品时一直都是以满足客户需求为第一要务。坦白地讲，过去我们对产品的成本缺乏足够的重视和关注。因为从 LX 集团成立的第一天起，昆总就一直强调：'客户是我们的衣食父母''产品即人品''质量就是生命'。我们研发团队在设计产品时总是不惜一切代价满足客户提出的各种要求，不管是合理的还是不合理的。有时候，对一些客户定制化要求比较高的订单，从我们的设计方案一交付，生产厂就开始抱怨，按我们的设计进行加工，成本太高，根本不赚钱，要求我们修改设计方案，但研发中心的员工都是一帮理工男出身的工程师，让他们修改自己的作品往往很不情愿。所以，我的研发团队常常为产品的设计问题和生产厂互相扯皮，各不相让，到最后只能找昆总来拍板。如家快捷酒店的这个设计方案给我提供了一个思考问题的新视角，没想到产品的设计方案对成本的影响这么大！看来我们确实需要反思自己的设计理念了。"

听到这里，钱锋十分开心，他趁热打铁："非常好！现在回到鲍总最初的问题：新产品的物料清单（BOM 预算）到底应该由谁说了算？我的看法，BOM 预算作为企业对单位产品的料、工、费消耗期望值的设定，材料消耗肯定是由研发部门的设计方案决定。但是，随着生产部门制造工艺的改进、加工流程的优化、工人技术水平和操作熟练程度的提高，产品的材料单耗是可以改变的。相信两位领导对这个问题也已经有答案了吧？"

"还是应该由两个部门一起协商确定吧？"闫飞回应道。

"我看这样吧，研发中心和我们生产厂分别挑选几个技术骨干，成立一个项目组，用钱老师刚才讲的价值工程一起来分析，看能不能在这款电机找到成本和功能的平衡点。"鲍远提出建议。

"鲍总的提议非常好！最好请负责这个客户的销售员也加入项目组。销售员是掌握客户需求信息最多的人，也许可以提供更多有价值的信息。"钱锋补充道。

"好的，能不能请钱老师也参加我们的项目组？"闫飞发出邀请。

"我不懂电机技术，高老师又不在，我还是先不参加了吧，今天项目上我有很多活儿还没干呢。这样吧，你们用 U 盘把我这份讲义拷走，项目组开会时先给大家讲解，在研讨时如果遇到什么问题，可以随时来找我。"

"好的，多谢钱老师！那不耽误您的时间了。"闫飞和鲍远面带笑容地离开了小会议室。

四线城市的诱惑

11 月的 RS 市，落英缤纷。在一个暖冬的早晨，天气并不寒冷，昨晚刚刚从 SZ 出差回到 RS 市的高展和钱锋、万慧、乔智用过早餐后，离开招待所，一起向 LX 集团办公楼走去。自从 LX 集团的咨询项目启动以来，大家天天起早贪黑，连续奋战，每个人都忙得晕头转向。每天早上从招待所走路到办公楼就成了唯一的运动项目，大家都非常珍惜这 10 多分钟难得的晨练时间。虽然已是冬至，但树上的叶子尚未完全凋零，地上铺满了五色斑斓的落叶，踩上去柔软舒适，清新的空气中夹杂着树叶的味道，令人神清气爽。

"师傅，RS 市虽然是个四线城市，这里的居住环境可比北京好多了，依山傍海，没有雾霾，我都不想走了。等这个项目做完，咱们在这儿玩几天再回去吧？"乔智向高展建议。

"没问题。"高展欣然同意，"等这个项目做完，差不多也快到年底了。今年咱们公司接的项目不多，现在大部分也已进入收尾阶段。从新年到春节这段时间，大家可以稍微松口气了。你们来 RS 市也快一个月了，大家都很辛苦，是不是有点想家了？我估计啊，等这个项目一结束，你们早就没心思在这里游山玩水了，肯定都迫不及待想赶紧回家吧？"

"是啊，师傅，我特别想我儿子，总想在晚上跟他视频，但咱们这边每天收工特别晚，等我回到房间，他已经睡了。"万慧的眼圈有点泛红。

"我倒是不想家，但是我女儿经常骚扰我。她在家里做作业的时候，一遇到难题就要跟我视频，我让她去问她妈，但我老婆说，现在初中的数学题太难了，她也不会做。"钱锋无奈地摇了摇头。

"看来还是像我这样的单身狗比较潇洒，一人吃饱，全家不饿。"乔智摇头晃脑，十分得意："等这个项目做完，你们都走吧，我一个人留在 RS 市思考人生。"

"别得瑟了，乔智，你一个人在这里潇洒，你北京的小女友会答应吗？出来这么久，你肯定想人家了吧？估计到时候你溜得比谁都快。"万慧打趣道。

"我可以让她来 RS 市陪我度假啊。我俩都是北漂，不像你们在北京有车有房，我们也买不起，但我们比你们自由，可以无牵无挂地闯荡江湖，做一对神雕侠侣。"

"乔智你大概还没睡醒吧？怎么一大早就梦话连篇的！如果我没记错，你的女朋友是在一家央企做财务吧？到了年底，每个公司都忙着关账，一月上旬就要完成上一个年度的财务报表，这是财务部一年中最忙的季节，你想让她在那时出来陪你浪，这不是痴人说梦吗？"钱锋给乔智泼了一盆冷水。

"师兄，你看你落伍了吧？我女朋友她们集团去年就开始使用财务机器人了。

一个财务机器人能顶 5 个会计用，每个月月底用 1 ~ 2 天的时间就能把账结完，财务报表基本上可以自动生成，早就不需要财务部加班了。她新年来这儿休假肯定没问题。"乔智得意地说道。

IT 系统不给力

高展接过乔智的话题："是啊！这两年国有企业的数字化转型步子迈得很大，很多央企集团的共享财务中心都开始使用财务机器人取代普通会计的工作了。而许多民营企业却连最基本的信息系统都不完备，一到月底结账的时候，财务人员就要加班加点，既耗时费力，还特别容易出错。"

"LX 集团就是这种状况。"万慧颇有感触："昨天焦总还在向我抱怨，她认为信息化建设一直是 LX 集团的短板，虽然财务中心很早就开始用 LC 公司的财务软件做账了，但由于集团没有上 ERP 系统，各经营实体和责任中心的业务数据没办法打通并实现共享。财务中心每个月要把大量时间和精力用在统计数据和账务处理上，等把当月的账结完，留给做经营分析的时间已经非常少了，不可能对每个月的经营状况和业绩表现作出深入细致的分析，导致昆总和其他高管对财务中心提供的经营分析报告评价不高。"

"这个问题我也深有体会，这个项目之所以做起来这么费劲，就是因为收集数据占用了我们太多的时间。由于各个单位和部门提供的数据很不规范，我整理起来也是相当麻烦。师傅，您能不能向昆总提个建议，等这个项目完成，让 LX 集团上一套 ERP 系统吧。最近，很多软件开发公司都在打折促销他们的产品，价格挺便宜的，花钱不多，但可以解决他们的痛点问题。"乔智向高展建议道。

"现在上一套 ERP 系统的成本确实不高，但是谁来帮他们实施落地呢？"万慧有些担忧。

"师姐，怎么你忘了，你们不是叫我'数据达人'吗？"乔智拍了拍胸脯。

"呵，看起来你还真是舍不得走了，等你的女朋友过来，你俩在 RS 市买套房子，在这里安家吧。听鲍总说，RS 的房价很低，你们肯定买得起。"钱锋打趣道。

"我没问题，就怕我的女朋友舍不得离开首都和她在央企的'铁饭碗'啊。"乔智叹了口气。

"好了，大家先集中精力把这个项目做完吧。"高展中断了这一话题的讨论："关于 ERP 项目，我会选择合适的时机向昆总建议的。如果他接受，这应该是另外一个故事了。ERP 关系 LX 集团信息化建设的长远规划，比我们现在做的全面预算管理解决方案难度更大，而且 ERP 的实施不是咱们 TY 财税的强项，虽然我们有像乔智这么厉害的数据达人。ERP 上线后，需要一支专业化的 IT 团队负责系统的维护、升级和二次开发，LX 集团目前还没有设立 IT 部门，而这些工作也不可能完全依赖外援或外包，即便乔智愿意留在这里，这么多工作压在你一个人身上恐怕你也吃不消吧？"

"师傅，我有不少在 IT 公司从事软件开发的同学，有些活儿可以外包给他们去干。"乔智回应道。

"我担心的是系统上线之后，我们不可能等系统一上线就撤了，肯定还要把客户扶上马送一程，不仅要保证他们用起来，而且还要用得好。同时，还要在项目实施过程中帮 LX 集团带出一支专业化的 IT 团队来。这些工作对我们来说都是非常大的挑战，一定要提前做好功课。这件事我看还是从长计议吧。"

市场预警：主打产品销量骤减

高远一行人刚刚来到小会议室，肖丽就从隔壁的总经理办公室走了进来。

"各位老师早上好！高老师，您现在有空吗？昆总想请您过去。"

"好的，大家就按今天的工作安排分头行动吧，午饭时我们再碰。"

高展吩咐完，便随肖丽来到昆鹏的办公室，只见在会议桌两侧，昆鹏、袁华、焦燕、樊星、鲍远和米航正在聊天，LX 集团的领导班子成员几乎都到齐了。

"昆总好，各位好，这是要开会吗？"高展在昆鹏右侧的一个空座位坐了下来。

"高老师，您回来得正好，今天这个会是集团 10 月的经营分析会，本来应该在上周五召开，因为大家希望您也参加，给我们一些指导，所以延期到今天。"

昆鹏开门见山。

"指导谈不上，大家一起探讨吧。"高展端起放在他面前的茶杯喝了一口茶。

会议开始，焦燕用几张PPT向大家介绍了LX集团10月的总体财务状况和经营结果，然后展示了销售公司、生产厂和各部门业绩达标情况。接着，由各经营实体和责任中心的负责人分别就当月实际完成业绩与预算目标的差异作出解释，分析原因，并提出下一步的行动方案。

樊星率先发言："10月，我们销售公司实际完成的销售额与预定目标的差距为5%，主要原因是咱们集团的主打产品——A型号电机的订单在最近三个月出现了持续下滑的势头。我们通过拜访客户了解到，有一家来自浙江的电机生产巨头WL集团销售同一款电机的价格比我们低了6%。WL集团是一家上市公司，财大气粗，近来抢走了我们这一款电机的许多订单。如果我们也按他们的价格销售，根本无法覆盖我们的生产成本，卖得越多，亏得越多。

为了弥补A型号电机销量下降损失的销售额，我们加大了B型号电机的销售力度。好消息是最近几个月市场上对这款电机的需求量出现了爆炸性增长，因为急单太多，我上个月把这款电机的价格上调了8%，客户也没提出异议，说明还可以接受。尽管B型号电机的销售额大幅度上升，但销售公司还是没能完成10月的预定目标，这让我感觉很难受。鉴于目前的这种状况，我建议在今天这个会上讨论，下一步A型号电机的销售怎么做？我们要不要跟随WL集团降价？这款电机在我们集团的销售额中占比最高，我们不能轻易放弃这块市场。"

鲍远接过话题："我感到很困惑，虽然WL集团的综合实力比我们强大许多倍，但如果单就A型号电机的成本来看，我们还是有一定优势的。这款电机从咱们LX集团一成立就开始生产了。这么多年来，我们一直在持续优化产品的工艺流程，生产效率也在不断提高。A型号电机之所以能够成为我们的主打产品，就是因为客户对这款电机的性价比认可度比较高。WL集团的研发和生产基地都在浙江，他们的人工成本肯定要比我们山东的企业高，现在按这么低的价格销售，他们能够赚到钱吗？如果不赚钱，他们这么做的动机是什么？难道是想通过打价格战把我们从这个产品的市场排挤出去吗？"

"在我看来，这似乎不大可能。打价格战是一种'伤敌八千，自损一万'的战术，一般企业是不会轻易使用的，而且，并不是每个企业都有发动价格战的资格。从 WL 集团的实力来看，他们倒是具备这种资格，但电机并不是一个赢家通吃的行业，像我们这种年销售额只有几亿元的小公司在全国有几百家，对他们根本构不成威胁，甚至都不太可能在人家的视线之内，我想他们犯不上为了抢这么一小块市场蛋糕而发动价格战吧？"袁华发表了意见。

"我同意袁总的看法。我们还是应该多从成本方面找找原因，会不会是因为我们和 WL 集团分别采用了不同的成本核算方法而造成了定价上的差异呢？"樊星问道。

"樊总，根据财政部发布的《企业会计准则》，一般来说，同一行业各个企业采用的成本核算方法都是相同的，不应该存在太大的差异。成本核算是财务从业人员的基本功。WL 集团是上市公司，我相信他们的财务部门在成本核算方面还是比较精准的，不太可能会低估自己的成本。"焦燕做出回应。

"是的，成本核算是一门相对比较完善的学科，直接材料和直接人工的消耗可以直接计入产品成本中，我猜测 WL 集团对于制造费用的分配方式可能和我们有所不同。"高展补充道。

"对了，昨天万慧老师还和我讨论过这件事，她认为，咱们集团的产品成本核算方法对制造费用的分摊有些粗放，不够精细，这样会影响产品定价。我们财务中心很早就意识到这个问题了，一直在想办法改进，但由于人手有限，咱们集团还没有安装 ERP 系统，很多数据无法自动采集和统计，单靠手工统计和计算，工作量太大，对我们来说实在是难以完成。所以，我们在向不同产品分摊制造费用时，可能无法做到像 WL 集团那样精准。"焦燕解释道。

ERP 是精细成本核算的灵丹妙药吗

"焦燕，你已经不止一次地向我提起，建议咱们集团尽快安装一套 ERP 系统，借助信息化手段来提高效率，我也认为很有必要。但是，我听一些业内的同行介绍，他们在安装了 ERP 之后，使用效果并不理想。系统上线后通常要和财务部门的手工账务系统并行一段时间，结果是过了几个月，两套系统的金额总是对不上，有的公司到现在还没甩掉手工账，工作量非但没有减少，反而大大增加了，这也是我迟迟没有下决心拍板的原因。高老师，您对这件事怎么看？"昆鹏转向高展。

"ERP 确实是个好东西，它把西方跨国公司长期积累的最佳管理实践经验（Best Practice）通过信息化手段固化下来，我们中国企业确实需要而且也应该借助 ERP 这个强大的工具来提升自己的管理水平。但是，就像昆总所说的那样，为什么许多企业安装了 ERP 之后，发现它的使用效果并没有达到当初的预期呢？因为'橘生淮南则为橘，橘生淮北则为枳。'咱们中国企业实施 ERP 的内部和外部条件同外企相比有很大的差异。

我以前在跨国公司和国内上市公司担任财务总监时都作为甲方的项目经理参与过 ERP 项目的实施。我的体会是，ERP 项目绝不仅仅是买个服务器、安装一套进销存管理系统那么简单，它是一项非常复杂的系统工程，涉及企业主要业务和工作流程的梳理、组织结构的重组、对各个经营实体和责任中心职能权限的重新定位，甚至整个集团各种资源的再分配，等等，这将是一场全方位的变革，在项目启动前一定要做好全盘规划。

刚才在过来的路上，乔老师也向我提出这个建议。他认为，以 LX 集团目前的规模和发展速度，需要采集、整理和分析的数据越来越多，仅靠人工统计确实无法满足我们经营管理的需要，安装一套 ERP 系统势在必行，而且他本人对这个项目的积极性还是蛮高的，让我向您建议。我觉得这件事牵一发而动全身，我们是不是另外找个时间专门就这个议题开一次研讨会？"高展回应道。

听了高展的话，昆鹏很高兴："我们集团肯定是要做 ERP 项目，如果 TY 财税愿意参与，那真是太好了。通过现在全面预算管理项目的合作，各位老师对我们集团的情况应该也了解得差不多了，乔老师又是数据方面的专家，有你们的指导和帮助，我们就更有信心了。高老师说得对，这件事确实动静比较大，咱们另外再找个时间讨论吧。今天先解决 A 型号电机的成本和定价问题，这款电机是我们集团的拳头产品，采购这个产品的几乎都是我们的核心客户，这块市场对 WL 集团来说也许就是喝下午茶时的一块小点心，而对 LX 集团来说，它可是我们的一日三餐啊。"。

作业成本法：活动驱动成本

鲍远忽然灵光乍现："我想起了一件事，上个月我在 QD 参加过一个制造业成本分析研讨会，在那个会上有位老师讲的主题是作业成本法。我并没有完全听懂他讲的方法，但是有一点令我印象深刻。那个老师提出成本核算的关键是引起成本发生的活动，而不是我们生产过程中消耗的各种费用。在生产加工过程中，引起制造费用发生的活动主要是接收和处理各种原材料与零部件、包装、运输、组织订货等事项，而不是人工成本或机器加工的时间。如果我没理解错，他的意思是只要有可能，那些不能直接计入产品成本的费用就应当以活动为基础在不同的产品之间进行分配。是活动引发了成本，一种产品如果需要三倍于另一种产品的活动才能完成，那么，就应给这种产品分配三倍于另一种产品的制造费用。高老师，不知道我理解得对不对？"

"鲍总，您对作业成本法的理解完全正确，解释得也非常到位。"高展伸出了大拇指，然后转向焦燕："焦总，你看会后我们是不是可以按鲍总讲的思路重新测算 A 和 B 两款电机的生产成本？也许我们可以找到 WL 集团低价销售的真正原因。"

"好的，高老师，我需要您和万老师的帮助。"焦燕回答。

"没问题。"高展转向鲍远："鲍总，重新测算成本需要您提供一些数据，午饭后我打算和焦总、万老师一起去生产厂，您看您几点钟有空？"

"我去安排，你们下午一上班就过来吧。"鲍远回应道。

"昆总，我们会在下班前将这两款电机重新测算的结果告诉您。"高展向昆鹏承诺道。

"好的，那辛苦高老师了，我们开始下一个议题吧。"昆鹏继续主持会议。

"乱炖"的方法不靠谱

午饭后，高展、万慧和焦燕来到生产厂，和鲍远一起研讨 A、B 两种型号电机的成本核算问题。焦燕首先介绍了财务中心目前使用的核算方法。（LX 集团制造费用预算见表 4-2，为方便计算，本章数据均四舍五入取整数）

表 4-2　LX 集团制造费用预算表

	一车间	二车间	合计
全年预算制造费用（元）	30 000 000	2 400 000	32 400 000
全年预算直接人工（小时）	150 000	100 000	250 000
全年制造费用分配率（以直接人工小时为基础）	—	—	130 元 / 时

"这两种型号的电机都需要一车间和二车间进行加工，根据生产部门提供的统计数据，一车间全年直接人工的标准工时是 15 万个小时，二车间 10 万个小时，合计 25 万个小时；全年的制造费用一车间的预算是 30 000 000 元，二车间 2 400 000 元，合计 32 400 000 元，我们用制造费用总额除以两个车间的总工时，计算出每小时制造费用的分配率为 130 元。"

接着，焦燕打开了 10 月份两种产品的成本核算表，见表 4-3。

表 4-3　10 月份 LX 集团 A、B 产品的成本核算表

项目	销售收入（元）	直接材料（元）	直接人工（元）	制造费用（元）	总成本（元）	毛利（元）	毛利率
A 产品	1 740 000	1 000 000	600 000	130 000	1 730 000	10 000	1%
B 产品	1 620 000	900 000	540 000	117 000	1 557 000	63 000	4%

"10 月份，A 型号电机在一车间加工的总工时为 100 个小时，二车间 900 个小时，合计 1 000 个小时；B 型号电机在一车间加工一共用了 800 个工时，二车间 100 个工时，合计 900 个工时；两个车间的单位人工成本都是 600 元 / 时，所以，A 产品的直接人工成本为 600 000 元（600×1 000），B 产品的直接人工为 540 000 元（600×900）；制造费用 A 产品应分摊 130 000 元（130×1 000），

B 产品应分摊 117 000 元（130×900）。然后，我们把两种产品的料工费加总，分别得出 A 型号电机的总成本为 1 730 000 元，B 型号电机为 1 557 000 万元；两款电机的毛利率分别为 1% 和 4%。"焦燕解释道。

"在今年 7 月之前，A 型号电机每个月的销售额都在 1 000 万元以上，它是我们集团的跑量产品，这几个月销量突然大幅度下降，这种产品的毛利率本来就很低，如果我们也跟随 WL 集团降价销售，肯定要亏损。"鲍远补充道。

在焦燕介绍的过程中，万慧打开电脑，飞快地完成了两张表格，见表 4-4。

表 4-4　万慧按车间重新测算的制造费用分配率

项目	一车间	二车间
全年预算制造费用（元）	30 000 000	2 400 000
全年预算直接人工（小时）	150 000	100 000
全年制造费用分摊率（以人工小时为基础）	200 元 / 时	24 元 / 时

"焦总，我觉得你们的核算方法好像有点问题，制造费用分配率如果按两个车间分开来算，一车间的分配率应该是 200 元 / 时（30 000 000÷150 000），二车间的分配率应为 24 元 / 时（24 000 000÷100 000）。你看，如果我们用两个车间的制造费用分配率分别乘以两款电机的实际工时，结果就完全不一样了。"（万慧重新测算的 A、B 产品的成本及毛利率见表 4-5）

表 4-5　万慧重新测算的 A、B 产品的成本及毛利率

金额单位：元

项目	具体类别	A 产品	B 产品
销售收入	—	1 740 000	1 620 000
销售成本	直接材料	1 000 000	900 000
	直接人工	600 000	540 000
	制造费用		
	一车间	20 000	160 000
	二车间	21 600	2 400
总成本	—	1 641 600	1 602 400
毛利	—	98 400	17 600
毛利率	—	6%	1%

"啊，为什么差异这么大？"焦燕惊讶地张大了嘴巴。

"这并不奇怪。"高展解释道："焦总，我来给你举个例子，一家卖汽车的 4S 店向一个企业客户一次性卖出 100 辆汽车，或者向 100 位个人客户每人卖出一辆汽车，都是销售了 100 辆车，你觉得这两笔交易平均每辆车的单位销售费用是相同的吗？"

"肯定不相同。一个是面向企业，另一个是面向个人。"

"那么哪笔交易的单位销售费用更高一些呢？"

"当然是面向个人的交易。"

"其实，你现在采用的制造费用分配方法，就是假设这两笔交易每辆车的单位销售费用是相同的，这也是传统成本核算方法最大的问题所在，这种方法有点像一道东北菜：乱炖。这个菜你们都吃过吧？乱炖是把所有的食材统统放进锅里一勺烩。"高展打趣道。

"高老师，您的这个比喻还挺形象的。"焦燕、万慧和鲍远同时笑了起来。

"没错。"鲍远转向焦燕："焦总，记得我跟你说过，我也一直觉得你们财务中心算出来的成本不太合理，该高的不高，该低的不低，今天总算找到答案了。"

成本结构的逆转

焦燕似乎还有点不服气："可是，高老师，我用的这种方法是符合《企业会计准则》的呀？每年不管是会计师事务所来集团审计，还是税务局派人来查账，甚至前几年 QL 证券过来辅导我们在'新三板'挂牌，他们从来没有对我的分配方法提出过质疑呀？"

"是的，焦总，站在财务会计的角度，这样分配肯定是没问题的，就像乱炖这道菜，虽然烹饪过程比较粗放，但并不影响我们食用，而且味道也还不错，对吧？会计师事务所和税务局审计重点在于账务处理是否合规，企业有没有偷漏税行为，等等。如果从管理会计的角度来看，这种方法就很难起到对业务部门提供决策支持的作用了。现在是一个业财融合的时代，财务部门不能仅仅满足于来自企业外部的合规要求，还要成为业务部门的合作伙伴。"高展耐心地解释道。

"我觉得还是万老师的方法比较靠谱。"鲍远若有所思地说道："你们看，焦总算出来的 A 型号电机的毛利率只有 1%，而万老师的计算结果是 6%，这不是恰好说明了一个问题吗？不是 WL 集团在降价销售，而是我们给 A 型号电机分配的制造费用太多了，这种算法导致这款电机的成本被高估了；而 B 型号电机的毛利率焦总的计算结果是 4%，万老师的数字是 1%，如果再加上销售公司的费用，说明 B 型号电机的销售根本就不赚钱，我们是在赔本赚吆喝，难怪樊总上午说，上个月他把这款电机的价格上调了 8%，客户也没有异议。所以，我的建议是，让销售公司把 A 型号电机的价格降到跟 WL 集团一样，B 型号电机至少再涨价 5%。"

高展接过话题："鲍总，我们先不忙着下结论。严格来说，万老师的方法也还没有突破'乱炖'的局限性，因为她也是按照一个单一的成本动因——人工小时来分配制造费用的，这种方法属于传统的成本会计，是工业化初期的产物，更适合劳动密集型的企业，应该不太适合现在的 LX 集团。"

"为什么？"焦燕、万慧和鲍远不约而同地问道。

高展继续引导："在工业化初期，生产过程以直接劳动为主，在产品的成本结构中，直接材料和直接人工成本占了绝大部分，制造费用所占的比例很小。随着时代的发展和技术的进步，以及机器设备自动化程度的提高，这种情况正在发生变化，特别是近几年人工智能技术的出现。在一些企业，机器人正在逐渐取代员工的工作，这一变化导致许多产品的成本结构出现了逆转，直接成本所占的比重逐步下降，而间接成本（制造费用）的占比越来越高。鲍总，问你一个问题，这些年，在你们生产厂，哪些岗位的员工人数减少了？"

"生产线上的操作工。"

"哪些岗位的员工人数增加了呢？"

"辅助生产部门和管理部门。"

"现在生产线上工人的薪酬是按计件制还是计时制？"

"以前是计件制，后来就改成计时制了。"

"为什么？"

"这些年，我们在生产线改造和机器设备升级方面的投入很大，现在基本上实现了生产流程自动化，那些简单的、标准化的作业基本上可以由机器自动完成了，一些关键环节的加工作业还必须靠人来操作。在这种情况下，再按计件制给工人发工资显然不合理了，所以我们改成了计时制。"鲍远解释道。

"也就是说，工人在上班时要完成许多不同的工作，他们的工作与产品之间的价值关联性变得越来越模糊了，对吧？"

"没错。"

高展转向焦燕和万慧："你们看，鲍总提供的这些信息说明，传统成本会计核算所依据的假设和前提条件已经发生了变化，采用单一的制造费用分配率，已经很难反映产品的真实成本了。"

"还有一个非常明显的变化，现在客户的需求越来越多样化了，以前那种单一品种大批量的订单越来越少。这几年，我们接到的大部分订单都是批量很小但种类繁多，而且客户对产品定制化的要求越来越高。"鲍远补充道。

把"乱炖"改造成"地三鲜"

万慧若有所思地问道："我在想，既然 LX 集团已基本实现了生产自动化，那么机器设备的运行时间应该是除了工时之外另一个比较重要的成本动因。鲍总，您这里有没有关于每款电机耗用机器小时的统计记录呢？"

"这个应该有，我问问负责排产的郭经理吧。"鲍远拿起了手机。

"等一下，除了工时和机时之外，我们应该再多找几个成本动因。比如，生产每种产品需要更换模具的次数，还有原材料的接收、处理和加工，设备维修，质量检验，产品包装，等等，这些作业活动分别用了多少时间，最好都能统计出来。"高展提出了新的要求。

"哎呀，高老师，一下子要统计这么多数据，对我们来说难度挺大的，而且您提到的有些作业活动我们以前好像从未关注过。"鲍远面露难色。

"没关系，鲍总，不是所有成本动因的数据都需要统计，即使将来等你们上了 ERP 系统，这些数据也只能做到相对精细。我们现在能收集多少就收集多少吧，可以先选择几个金额比较高、对成本影响比较大的作业活动统计，当务之急是把'乱炖'改造成为'地三鲜'。"高展安慰道。

"可有些作业影响挺大但数量实在统计不出来怎么办？"万慧还有些疑虑。

"对这一类成本动因，我们可以采用主观判断的方法，比如，通过走访一线员工，让他们对处理每种产品分别用了多少时间给出一个大概的比例，我们再按照估计的比例分摊这类费用。"

"啊，还能这么干？！"焦燕再次露出惊讶的神色。

"是的，记得我以前的老板曾经说过：'成本不是发生在 Excel 表里，而是发生在生产线上。'他要求我们财务人员不要整天坐在办公室里，而要到生产一线去收集数据！管理会计追求的不是 100% 的精确，而是能够反映真实资源耗费状况的近似的正确，近似的正确好过精确的错误。"高展解释道。

"明白了，我们现在就去车间。"四个人站起身朝车间走去。

作业成本法对传统成本误区的修正

经过一个下午紧张的调研，高展等四人终于理出了头绪。当他们走出车间时，已是夕阳西下，工人们开始下班离厂。他们匆匆来到总经理办公室，碰巧和刚刚走出来的樊星打了个照面。

"你们是来向昆总汇报的吧？我也听听吧，我也一直在等着你们的结果呢。"樊星随高展等人一起走进总经理办公室。

"昆总，不好意思，我们刚刚理出头绪，看来今天您又不能准时下班了。"高展说道。

"没关系，看不到你们的结果，我回家也不踏实。"昆鹏笑了笑，招呼大家坐下，他让肖丽给每人分别倒了一杯茶。焦燕打开电脑，连接上投影仪，开始汇报半天的工作成果。

"根据销售公司的统计数字，这几年咱们集团 A 型号电机的市场销售状况一直很好，每年的销量都不低于 10 万台；B 型号电机的市场需求量不多，每年的销量大概在 25 000 台左右。这两款电机的标准工时都是 2 小时，全年总工时为 25 万工时。（LX 集团 A、B 产品全年总工时统计表见表 4-6）

表 4-6　LX 集团 A、B 产品全年总工时统计表

项目	每台工时	台数	工时
A 型号电机	2 工时 / 台	100 000 台	200 000 工时
B 型号电机	2 工时 / 台	25 000 台	50 000 工时
合计	—	125 000 台	250 000 工时

表 4-7 按我们财务中心现在的成本核算方法计算出来的两款电机的标准成本和毛利。（按传统方法核算的 A、B 产品标准成本和毛利率见表 4-7）

表 4-7　按传统成本法核算的 A、B 产品标准成本和毛利率

项目	A 型号电机	B 型号电机
单位销售价格（元）	2 700	3 000
直接材料（元）	1 100	1 200
直接人工（元）	1 200	1 200
制造费用（2×130）	260	260
制造成本合计（元）	2 560	2 660
毛利（元）	140	340
毛利率（%）	5.2%	11.3%

下午我们在一起讨论之后发现，虽然这两款电机的标准工时都是 2 小时，但是 B 型号电机的设计更为复杂，加工时需要更换模具的次数多于 A 型号电机；另外，因为客户对 B 型号电机的定制化要求比较高，质量检验所花的时间也大大高于 A 型号电机；B 产品每次的生产批量小，加工起来比较麻烦。

在高老师的指导下，我们尝试用作业成本法重新分配制造费用，我们一共界定了六个作业中心，通过到生产线上进行调研分别统计出每个作业中心成本动因的数量和制造费用的金额，然后计算每一个成本动因的分摊率。（按作业成本法

统计的 A、B 产品成本动因的数量和分摊率见表 4-8）

表 4-8　按作业成本法统计的 A、B 产品成本动因的数量和分摊率

作业中心	成本动因	制造费用（元）	A 产品（元）	B 产品（元）	合计（元）	分摊率
人工类	人工时数	9 000 000	200 000	50 000	250 000	36 元 / 工时
机器类	机器时数	16 000 000	70 000	30 000	100 000	160 元 / 机时
模具类	换模具次数	1 600 000	500	1 500	2 000	800 元 / 次
材料点收	点收次数	1 000 000	1 600	900	2 500	400 元 / 次
质量检验	检验次数	1 800 000	1 000	4 000	5 000	360 元 / 次
折旧和维修费用	机器时数	3 000 000	70 000	30 000	100 000	30 元 / 次
合计	—	32 400 000	—	—	—	—

我们再用每个成本动因分摊率分别乘以 A、B 两款电机成本动因的数量，得到了和原来的核算方法完全不同的结果。"（按作业成本动因核算的 A、B 产品单位制造费用和按传统成本法、作业成本法核算的 A、B 产品的标准成本与毛利率对比分别见表 4-9 和表 4-10）

表 4-9　按作业成本法核算的 A、B 产品单位制造费用

作业中心	因素	分摊率	A 型号电机		B 型号电机	
			成本动因	金额（元）	成本动因	金额（元）
人工类	直接人工小时	36 元 / 工时	200 000	7 200 000	50 000	1 800 000
机器类	机器小时	160 元 / 机时	70 000	11 200 000	30 000	4 800 000
模具类	每次装备	800 元 / 次	500	400 000	1 500	1 200 000
生产指令	每笔指令	400 元 / 次	1 600	640 000	900	360 000
质量检验	每次检验	360 元 / 次	1 000	360 000	4 000	1 440 000
折旧和维修费用	每机器小时	30 元 / 次	70 000	2 100 000	30 000	900 000
制造费用合计	—	—		21 900 000		10 500 000
生产数量	—	—		25 000		100 000
每单位制造费用（费用÷数量）	—	—		876		105

表 4-10　按传统成本法与作业成本法核算的 A、B 产品标准成本与毛利率对比

成本项目	传统成本法		作业成本法	
	A 产品	B 产品	A 产品	B 产品
单位销售价格（元）	2 700	3 000	2 700	3 000
直接材料（元）	1 100.0	1 200.0	1 100.0	1 200.0
直接人工（元）	1 200.0	1 200.0	1 200.0	1 200.0
制造费用（元）	260.0	260.0	105.0	876.0
单位成本（元）	2 560.0	2 660.0	2 405.0	3 276.0
毛利（元）	140.0	340.0	295.0	（276.0）
毛利率	5%	11%	11%	−9%

"焦总，我没太听明白，你能再解释一下吗？为什么这两种算法得出来的结果差异这么大？"樊星问道。

"樊总，我来给您解释。"高展打开一张 PPT，如图 4-2 所示：

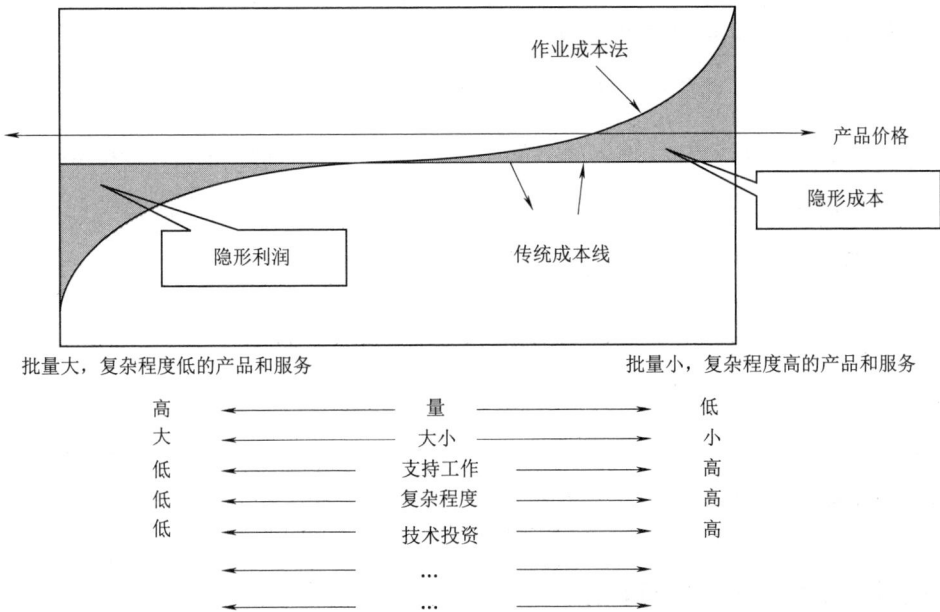

图 4-2　作业成本法对传统成本核算误区的修正

"在一个企业中，有一类产品的特点是年销售量很高。比如，咱们集团的 A 型号电机，客户每次的采购批量挺大，而生产加工的复杂程度相对较低，需要的辅助活动和支持工作也比较少，使用的加工技术相对简单，消耗的资源相对来说

也比较少；还有一类产品的特点是年销售量偏低，客户每次下订单的批量小，而加工起来特别复杂，需要的辅助活动和支持工作也比较多，消耗的资源相对来说也更多，就像咱们集团的 B 型号电机。那么，像机器维修费、质检费之类的间接成本，B 型号电机是不是应该分担的更多一些呢？"

"是的。"樊星点了点头。

"但是，传统的成本核算方法对间接成本采用了单一的分摊率，这种分摊方法有点像东北菜'乱炖'，把所有的食材全都一勺烩了；而作业成本法则是把'乱炖'改造成了'地三鲜'。作业成本法的英文是 Activity Based Costing，按原文翻译就是'以作业活动为基础的成本核算方法'，我们集团到现在为止一直都在使用'乱炖'的方法。下午，我们尝试着把'乱炖'改成了'地三鲜'。经过这种调整，您看，A 型号电机的一部分隐形利润被我们用作业成本法识别出来了，而原本应该由 B 型号电机分担的一部分间接成本，因为传统的核算方法太粗放被分配到了 A 型号电机中，现在我们把这部分隐形成本也给挖出来了。"

"明白了，高老师。"樊星激动地站了起来："改成'地三鲜'之后，A 型号电机的毛利率从原来的 5% 提高到了 11%，看来不是 WL 集团在恶意降价销售，而是我们原来的核算方法太粗放了。如果计算结果没问题，我们可以马上跟随WL 集团一起降价，甚至采用比他们更低的价格夺回我们失去的市场份额；B 型号电机从毛利率从 11% 变成了负数，说明我们一直是在赔本销售，难怪上个月我把销售价格上调了 8%，客户也没有提出异议，看来这个月这款电机至少应该再提价 10% 以上。"

策略性成本与非策略性成本

"好的，樊星，就按你的思路去安排吧。"昆鹏露出了开心的笑容，他转向高展："高老师，我有个问题，既然您说的'乱炖'这种传统成本核算的方法已经过时了，但为什么在我们的同行当中，大多数企业现在还在使用这种陈旧的方法呢？"

"昆总，对这个问题，您应该比我更有发言权。对民营企业来说，在当前的大环境下，能够活下来已经很不容易了。像咱们集团这样运营基本平稳的企业应该算是凤毛麟角了。对那些首先要解决生存问题的企业来说，优化成本核算系统肯定是一件重要而不紧急的事情。"

"是啊，高老师，这次如果不是受到 WL 集团低价销售的压力，我们财务中心可能还会继续沿用传统的'乱炖'方法。我也是今天才忽然意识到，成本核算的精细度对一个企业产品的市场竞争力会产生这么大的影响。虽然我以前也认为按工时分摊制造费用的方法不太准确，但由于平时整天忙于应付集团内外部的日常工作，一直没抽出时间来做这件事。当然，这些都不是借口，主要还是我本人一直缺乏足够的动力和紧迫感，我总幻想着等安装了 ERP 系统之后这一问题就会迎刃而解，没想到现在这件事突然变得既紧急又重要了。"焦燕开始了自我反思。

看到焦燕陷入自责之中，万慧赶忙宽慰她："焦总，对你现在的处境我非常理解。我在以前的企业里担任财务总监时和你现在的状况一样，每天总有干不完的活儿，而且还都特别急，实在抽不出时间和精力去做那些重要而不紧急的事情。随着时间的推移，你会发现，那些重要而不紧急的事情到最后都会变得既重要又紧急了。"

鲍远也有感而发："是啊，大家都知道锻炼身体非常重要，但是跟挣钱相比，它现在就是一件重要而不紧急的事情，尤其是对我们这些还算年富力强的中年人来说，总觉得这件事可以暂时往后放一放，等挣够了钱再去做。直到有一天突然病倒了，才会把锻炼身体排在挣钱的前面。"

"我们把大部分时间和精力都用在了那些紧急而不重要的事情上，而这些事情很多是不能创造价值的非增值活动，这也是作业成本法带给我们的最重要的启示，没有之一！作业成本法改变了制造费用的分摊方式，它把制造费用与引发它们的活动相配比，而不是与传统的会计分类相一致。通过这种核算方法，我们可以比较清晰地知道，每项作业活动消耗了多少成本或资源，而这些活动有些是增值的，有些是不增值的；用在增值活动上的成本属于策略性成本，用在非增值活动上的成本就是非策略性成本。如果我们能够通过优化生产流程把那些不增值的活动减少甚至消除，把更多的时间和资源投入到增值活动中去，这样就等于找到了降本增效的源头。"高展将话题引向深入。

增值活动与非增值活动

"但是，我们该怎样区分增值活动和非增值活动呢？"樊星问道。

高展并没有正面回答，而是反问道："大家都还不急着回家吃饭吧？"

"不急。"所有人异口同声地回答。

高展打开一张 PPT："那大家先和我一起来破个案吧。"（观察能力测试如图 4-3 所示）

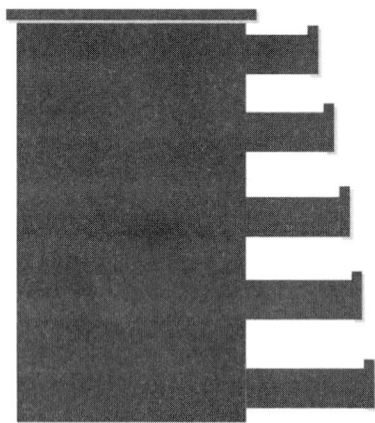

图 4-3　观察能力测试

"话说有一家的女主人早上出去买菜，她只出去了 5 分钟，回到家之后发现家里被盗了。这是女主人回家之后看到的被小偷翻过的一个五层屉柜的现场。请大家根据这张图判断一下，这个小偷打开抽屉的顺序是从上往下还是从下往上？"

樊星、焦燕和鲍远选择了"从上往下"。

"为什么？"

"因为下面的抽屉被拉开的幅度比上面的大。"樊星解释道。

"我觉得应该是从下往上吧。"昆鹏作出了不同的判断。

"说说您的理由。"

"如果小偷是从上往下翻找值钱的财物，他应该在翻完第一个抽屉之后，把第一个抽屉关上再拉开第二个，翻完第二个抽屉之后，也是应该先关上再拉开第三个，这样操作起来会比较顺畅。但是，如果他是按这个顺序来操作，女主人回家后所看到的不应该是五个抽屉全部都被拉开了，而是只有最下面的抽屉是打开的，可能因为时间太紧，小偷来不及关上就离开了。现在五个抽屉全部都是被拉开的，说明这个小偷肯定选择了从下往上的操作顺序，因为这样就不用关抽屉了，可以节省一些时间。"昆鹏解释道。

"好的，让我来做个不恰当的假设，假如你是这个小偷，你不知道在这个女主人家里最值钱的东西究竟放在第几个抽屉里。如果你只有不到5分钟的时间，你要在最短的时间内找到最值钱的东西，对你来说，最快的顺序应该是从上往下还是从下往上？"高展问道。

"这么看来，应该是从下往上了。"焦燕改变了自己的判断，鲍远也跟着点了点头。

"其实这个游戏跟我们的工作习惯有关。在平时的工作中，我们总是希望通过优化流程来提高效率，降低成本，但落实到具体细节该如何操作呢？这个游戏告诉我们，优化流程最基本的原理就是尽可能把流程中那些多余的动作和环节减少甚至去掉，因为这些动作和环节也会消耗一定的时间和资源。当我们把这些无用的作业活动省掉，就达到了从源头上削减成本的目的。樊总，现在你知道该如何区分增值活动和非增值活动了吧？对这个小偷来说，开抽屉就是增值活动，关抽屉就是非增值活动，因为关抽屉的动作对这个小偷来说完全是浪费时间，对于他完成偷东西这个目标没有任何价值。"高展总结道。

"这个游戏很有意思，高老师，但是企业内部有些活动，站在客户的角度来看肯定是不增值的，就拿质量检验这项活动来说吧，客户对企业的期望是供应零缺陷的产品，他们要求企业在产品生产过程中一次性把事做对，好产品是不需要检验的。而站在企业的角度，质量检验这项活动又是非常必要的，因为要实现产品的零缺陷几乎是一个无法实现的目标，即使有些企业达到了六西格玛的标准，也还是会有缺陷存在的。那您说说看，质量检验到底应该属于增值活动还是非增值活动呢？"鲍远提出了一个略带刁钻的问题。

"鲍总，您的这个问题问得非常好！"高展伸出了大拇指："一项作业活动到底有没有价值，肯定不应该是企业说了算，而是要让客户说了算。丰田汽车公司（以下简称丰田）的理念是：质量是制造出来的，而不是检验出来的。所以，站在客户的角度来看，质量检验肯定属于非增值活动。但是，如果企业的质量管理暂时无法做到零缺陷，比如用六西格玛来衡量，目前绝大多数企业也只能达到三至四西格玛的水平，那么，这项活动就必须保留，它虽然没有为客户创造价值，但对企业来说还是有价值的，所以也应该算作增值活动。我们必须要千方百计努力消除的是那些既不能给客户创造价值也不能给企业带来价值的活动，这些活动就像那个小偷关抽屉的动作，完全是浪费时间和资源，是100%的非增值活动，必须全力剔除。"

"高老师讲得太到位了。"昆鹏带头鼓起掌来。

生产过程中的八大浪费

鲍远恍然大悟："高老师，我参加过一个关于丰田精益生产模式的培训，丰田总结了生产过程的'八大浪费'，包括修理的浪费、过度加工的浪费、动作的浪费、搬运的浪费、库存的浪费、过度生产的浪费、等待的浪费和管理的浪费，在我们生产厂或多或少也存在着这些浪费现象。我以前还有些疑惑，觉得这'八大'浪费有些是难以避免的，今天算是明白了，凡是那些站在客户的角度不增值的活动，严格来说都是对时间和资源的浪费，应尽量杜绝。"

"没错，鲍总。"高展补充道："我听说，最近特斯拉公司（以下简称特斯拉）基于丰田的精益思想，结合制造业数字化和智能化的发展趋势，提出了新的'八大浪费'。"[1]

"高老师，能不能具体介绍介绍？"鲍远显得兴趣盎然："我一直在关注特斯拉，不仅因为它具有超强的汽车制造技术，它的超级工厂管理能力更是让我们望尘莫及。我甚至觉得，特斯拉公司创造的新型生产方式肯定会取代丰田，因为它代表了工业发展的最新方向，将精益化、数字化和智能化生产完美地融合在一起了。"

"是啊，高老师，您顺便讲讲吧，我也很感兴趣。"昆鹏也来了兴致。

"好的，鲍总，昆总，其实我对特斯拉这新的'八大浪费'研究不多，只能简单谈谈我个人的理解。"高展开始娓娓道来。

"一是过度消耗。这跟丰田'过度加工的浪费'相似，但特斯拉提出的这种浪费，不仅仅是针对生产现场，而是针对所有人、机、料的资源消耗，也包含了过度加工的浪费和动作的浪费。比如搬运动作对于员工体力的过度消耗，无效的会议对于员工精力的过度消耗，以及产品零部件的种类太多对设计、加工和原材料的过度消耗等。

二是数据闲置。近几年，大数据这个概念被炒得很热，但我发现，不同的企业对数据的理解和应用还存在较大的偏差。有些公司根本不知道数据究竟能带来哪些价值，能够创造多大的价值。特斯拉作为一个高度数字化和智能化的企业，数据已成为工厂运营的'血液'，数据的打通消除了大量的人为信息传递、沟通、判断等时间和精力的浪费，更重要的是，数据能够更加直观和真实地反映工厂的实际运行状况。通过对数据的精准分析，可以使决策者作出更有效的决策，而数据的闲置肯定是巨大的浪费。

三是工作孤岛。这跟丰田的'搬运浪费'有点类似，但它涵盖了更多的内容。工作孤岛一定会带来搬运、信息传递和沟通等方面的浪费，当然也会造成时间和空间的浪费。工厂应该是一个集成系统，不应该存在任何工作孤岛，每一个工作站点，每一个有人、有机器、有物料的地方都应该进入工厂的网络系统，同时要

---

[1] 观点摘编自刘科的"精益感知人生"微信公众号文章《特斯拉的新"八大浪费"》。

与其他因素相关联，实时交互，这样才是真正的数字化智能化工厂。

四是官僚主义。不用多讲，不管是手工生产方式，还是福特的标准化生产方式；不管是丰田的精益生产方式，还是特斯拉现在的智能化生产方式，只要是有人的地方，就一定存在官僚主义的风险，而且企业越大，这种风险越高，这是每个企业的一把手亟待解决的问题。华为的总裁任正非提出"让听见炮火的人来决策"，其实就是要降低官僚主义的风险。对于追求极简主义的马斯克来说，官僚主义肯定是他所难以容忍的。

五是犹豫不决。对于作出决策的人来说，有时犹豫不决所带来的浪费也是相当惊人的，最直接的成本是时间的浪费，增加了机会成本。比如要不要换人，要不要添置新设备，要不要扩建新的厂房，等等。不同的老板在作出决策时，决策的速度往往有很大差别，当然，由此而产生的决策成本也存在巨大的差异。我们曾经辅导过一家企业，他们已经做到行业老大了，企业老板的决策风格让我印象深刻，那就是快速决策。一个为期一年的咨询项目从见面到拍板，一周内搞定，相比那些需要半年甚至更长时间才能拍板的企业来说，肯定是早做早受益，这个项目可以帮助那家企业每年节省几百万元的直接成本，这还没有把打基础、建系统和培养人才的隐形收益计算在内。

六是等待的浪费。除了生产现场人、机、料的等待浪费，其实，办公室里的等待浪费也不少，甚至更多也更隐蔽。比如企业内部的各种流程：采购、招聘、面试、报销、设计、评审等。现在虽然大部分企业都实现了在线审批，但只要是人在操作，就会产生等待现象，不信大家可以看看，在我们集团内部，一个流程通常需要多长的时间才能走完，其实这里面存在很大的优化空间和机会。

七是重复、繁重的工作。重复本身不一定是浪费，但低效的重复肯定是一种巨大的浪费；繁重的工作本身是不符合人性的，不合理的地方一定需要改进，这也是精益的理念。我的一个认知是：如果我们每天只是简单重复地工作，那今天对昨天而言就没有进步、没有价值提升。我们应该让每天都有一些变化和优化，改善应该是我们每天的工作重心。

八是使用不舒适。这个应该不难理解，不舒适就意味着不合理，需要改进。比如车间现场的工人操作起来不舒适，搬运的东西太重、经常弯腰和转身，说明不符合人体工程学，需要改进；比如内部审批流程太烦琐，每次流程审批都要等很久，还要去跟催，甚至负责审批的人都觉得没必要做这个事情，说明流程本身的设计有问题，需要尽快优化。

好了，这只是我个人对特斯拉的'八大浪费'一点肤浅的理解，不一定对，供各位领导参考吧。"见天色已晚，高展匆匆结束了自己的分享。

"谢谢高老师的小灶。在特斯拉总结的这'八大浪费'中，有些也是我们集团的痛点问题，看来我们要学的东西真是太多了。咱们另外找个时间再向高老师请教吧。"昆鹏看了看手机，问道："大家都饿了吧？"

"是的。"所有人异口同声地回答。

"这样吧，高老师给我们开小灶，我们请高老师吃大餐。今天咱们去吃东北菜，去体验高老师讲的'乱炖'和'地三鲜'的区别。"昆鹏的话把房间里所有的人都逗笑了。

"这段时间大家都很辛苦，特别是 TY 财税的几位老师，既要指导我们编制明年的预算，还要经常帮我们'救火'，我们在工作中一遇到摆不平的事就去打扰你们，真是感激不尽！高老师，今天晚上几位老师都不要再加班了。肖丽，你去隔壁请钱老师和乔老师，我们一起去齐鲁大酒店喝几杯。"

"谢谢昆总。"

晚上，从齐鲁大酒店的一间包房里，不时传出朗朗笑声。昆鹏、樊星、鲍远、焦燕和 TY 财税咨询团队的全体成员开怀畅饮，畅所欲言，度过了一个轻松愉快的夜晚。

第五章

如何做预算——供应链管理

采购总监撂挑子了

12月初，经过项目组夜以继日的连续奋战，明年经营计划初稿和第一版预算表格终于编制完成。在项目阶段性成果交付会议上，昆鹏充分肯定了项目组一个多月以来的工作成果，对第一轮测算出来的关键绩效指标表示基本认同，但对3 500万元的利润指标不太满意。他认为LX集团在降低成本方面还有很大的潜力可挖，要求各经营实体和责任中心在第一版预算的基础上将成本和费用开支再削减10%，力争明年实现净利润4 200万元。高展建议由TY财税的顾问团队和LX集团领导班子成立联合工作小组，先分别与各经营实体和责任中心的负责人一起对明年的核心指标和成本费用预算进行评审，同时探讨进一步降本增效的可行性，并制订执行方案，昆鹏同意了。会议决定，联合工作小组由LX集团的袁华、焦燕、郁梅与TY财税的钱锋、万慧、乔智组成，他们将分别与各经营实体和责任中心的负责人及核心员工沟通，就第一版预算数字的依据进行讲解，广泛听取意见，同时讨论落实相关绩效指标的具体措施，然后项目组再根据大家的反馈和评审结果调整数据，完成第二轮预算。散会后，联合工作小组立即投入到紧张的工作中。但是几天后，一件意想不到的事情发生了。

一天早上，昆鹏驾车来到办公室，肖丽端上一杯刚刚泡好的热茶，昆鹏刚端起茶杯，采购总监米航就满脸憔悴地找上门来。

"大米，你这是怎么了，昨晚没睡好觉吗？"昆鹏关切地问道。

"是啊，我昨天一夜没睡，昆总，采购总监这个活儿我实在干不下去了，这是我的辞职申请。"米航从口袋里掏出了一张纸展开来递给昆鹏。

"怎么回事？你不是一直干得挺好吗？为什么突然要辞职呢？是家里遇到什么困难了吗？"昆鹏十分诧异，赶忙让肖丽给米航倒了一杯热茶。

"不是，昆总，昨天袁总和焦总，还有 TY 财税的钱老师和我谈了采购中心明年的绩效指标，我觉得以我的工作能力实在难以完成。这几年，集团的业务发展得太快，我年龄大了，思路已经跟不上集团的发展速度，越来越力不从心。现在刚好快到年底了，我考虑再三，是到了该退下来的时候了，明年你找个更有能力的人来接替我的工作吧。"

"我不同意！"昆鹏一口回绝："年龄不是理由，你只比我大四岁，今年才 58 岁，还不到退休年龄，现在就想躺平为时太早了吧？"。

"其实我想退下来，不仅仅是因为工作压力太大，还有一个原因你是知道的，我有高血压和糖尿病，吃了几年药也不见好转，目前的身体状况实在难以适应集团的工作节奏。"

昆鹏叹了一口气："老哥哥，你这是给我出了一道难题啊！从我们当年一块承包这家工厂那天起，你可一直都是我的左膀右臂啊。还记得吗？我们刚接手这个厂的时候，订单少得可怜，采购这个活儿没人愿意干，因为我们每次采购的材料和零部件批量太少，还要跟供应商玩命砍价，是你在集团最困难的时候接下了采购这块最难啃的硬骨头。10 多年来，兄弟们在一起齐心协力、同甘共苦，好不容易企业有了一点起色。我们完成了改制，前几年还在'新三板'挂牌了，你作为创业元老，也变成了集团的合伙人。如果不是因为这几年受公共健康安全事件影响，业绩没达标，现在咱们集团应该已经进入精选层在北交所转板了。你看，最苦的日子咱们都一起挺过来了，眼看就快要熬出头了。现在正是用人之际，你却撂挑子不干了，你让我怎么办呢？我是真的舍不得放老哥哥走，而且把你这个岗位交给别人我也不放心啊。"

米航的眼眶有些湿润："昆总，谢谢你这么多年对我的信任！其实我也舍不得老弟和这帮一起创业的兄弟们啊！但是，以我现在的身体和精神状态，继续坐在采购总监这个位子上，只能拖大家的后腿。"

"你的理由我不能接受。如果是身体方面的原因，你可以随时去医院看病和休息。马上要过新年了，从元旦到春节长假，集团的销售也快要进入淡季了，你在这段时间好好调养身体吧。如果你觉得总部给你们采购中心制定的绩效指标不合理，可以跟袁华协商。现在只是预算沟通的第一轮，有什么困难你可以跟他们谈嘛。"昆鹏把辞职申请还给米航："总之，这个你先收回去，即便你铁了心不想干了，那至少也要给我三个月时间，等我找到一个能接替你的人再走吧。"

"好的。"米航点了点头走出了总经理办公室。

呆滞库存吞噬利润

米航离开后，昆鹏的心情久久不能平静。自创业以来，他几乎把全部精力都放在了应对来自外部市场的竞争压力上，从未思考过自己的管理团队会不会有人因为跟不上组织的快速发展而掉队的问题。今天，米航的辞职申请让他忽然意识到，10多年来自己只顾带着大家向前冲，却忽视了团队建设和后备人才的培养，显然，这块短板又不是短时间内可以补上的，但这个问题不解决，LX集团肯定是走不远的。怎么办呢？昆鹏越想越烦躁，他下意识地走出办公室，来到隔壁的小会议室，只见高展和钱锋正站在白板前讨论着什么，白板上画满了各种字符和标记。

"高老师，钱老师，不好意思打断了你们，我有点事摆不平，又找你们救火来了。"

"没关系，昆总，有什么事请尽管说。"高展回应道。

昆鹏不好意思地摇了摇头，将刚才的事情一五一十地告诉了高展和钱锋。

高展沉思片刻，说道："关于集团后备人才的培养，这个题目有点大，而且也不在咱们这次的项目范围之内，需从长计议。我看我们还是先来分析米总申请辞职的原因吧，看看有没有合适的解决方案。"

钱锋接过话题："我觉得，米总申请辞职的主要原因是他对总部下达给采购中心的绩效指标缺乏信心，顾虑太多。昨天我和袁总、焦总在同米总沟通采购中心明年的工作目标时，米总提出我们给采购中心制定的原材料准时供货率和原材料库存周转率这两个指标他无法接受，理由是生产厂的生产计划经常变动，要保证原材料准时供应，采购中心平时必须多备料，这必然会导致原材料库存的增加，所以他认为周转率指标根本无法完成；而且，米总认为将原材料库存周转率指标下达给采购中心也不合适，他提出生产厂应该对这个指标负责。因为采购中心每个月都是根据生产厂的排产计划给供应商下订单的，他们对原材料的周转率是无法控制的。"

"那你们为什么不把这个指标下达给生产厂呢？"昆鹏问道。

钱锋解释道："我们当时是这么考虑的，在咱们 LX 集团，销售中心对产成品的库存影响最大，所以应当对产成品的库存周转率负责；在产品的周转率主要取决于生产厂的运营效率，所以这个指标应下达给生产厂；采购中心负责原材料采购，对原材料库存的影响最大，所以我们把原材料的库存周转率指标分派给采购中心。"

"去年我们在分解存货周转率指标时就遇到过这个问题，销售公司、生产厂和采购中心都认为他们对这个指标无法控制，互相扯皮，我当时也没想到合适的解决办法，不得不暂时把该指标从绩效评价体系中剔除了。"昆鹏轻轻地叹了口气。

"焦总向我提过这件事。今年之所以把这个指标重新拿出来，主要原因是我们发现，截至 11 月底，LX 集团一年以上的存货金额高达 6 000 多万元，而今年预计全年的净利润大概有 5 000 万元左右。据我们分析，这 6 000 多万元的存货中至少有一半属于呆滞库存。如果把这部分呆滞库存计入存货跌价损失，今年的利润就只剩下 2 000 万元了。"

"啊，也就是说，今年一大半的利润都被呆滞库存吃掉了。"昆鹏惊讶地张大了嘴巴。

"没错，昆总，根据我们的调查，呆滞库存居高不下的主要原因是销售公司接的客户订单太杂，增加了产品加工的复杂度，而产品复杂度的增加又导致生产厂的生产成本上升，同时也造成了原材料库存的积压。因为采购中心为了满足生产厂复杂多变的需求不得不过量采购和储备更多的原材料，有些特殊的订单还需要供应商提供定制加工的零部件。一旦客户的订单有变化或者发货出现延迟，就会造成大量的呆滞库存。

"呆滞库存不仅会吃掉大部分利润，也会对集团的资金周转产生不利影响，所以，我和袁总、焦总认为明年的绩效考核必须加上存货周转率这个指标。我们结合今年的实际库存周转情况和明年的经营预测，分别测算出产成品、在产品和原材料这三种库存明年的目标周转率和周转天数，然后把这些指标分别下达给了销售公司、生产厂和采购中心。"

线性思维与系统思维① 对照

一直没有说话的高展开口了："钱老师，你们对呆滞库存形成的病因分析得挺到位，但开出的药方犯了'头痛医头，脚痛医脚'的毛病，这是线性思维，不是系统思维，只能治标，不能治本。"

高展的话引起了昆鹏的兴趣："高老师，我也经常要求我的管理团队培养系统思维的习惯，但一遇到像呆滞库存这种比较复杂的问题，好像不管采用什么方法，都并非万全之策。您能不能详细解释什么是线性思维和系统思维?"

高展开始娓娓道来："好的，在日常生活中，有些问题虽然很严重，但解决方法相对来说比较简单。

比如，你们山东 LN 足球队在中超联赛的成绩本来一直很好，但最近连续输掉了几场球赛。怎么回事儿呢? 俱乐部一调查，原来是新来的主教练不行，于是换了主教练，球队的成绩马上就上去了。

---

① 观点摘编自"得到 App"万维钢的"精英日课 3"《系统思维的艺术 1: 线性思维和系统思维》。

像这种有明确因果关系的问题属于简单问题，简单问题的共同特征是系统中有个'坏人'，你把'坏人'找出来杀死或者换掉，问题就会迎刃而解。可是中国足球为什么总是不行呢，中国足球的坏人是谁，是打假球的球员和裁判，还是主教练，或者是足协主席？这些人已经换了好几茬儿了，但中国足球的水平始终上不去，那到底是什么问题呢？"

"系统问题。"昆鹏和钱锋异口同声地回答。

"是的，系统问题是不能用除掉坏人这种简单粗暴的方法来解决的，你必须要有系统思维。系统思维就是要考虑系统中的各个组成部分及其相互关系，站在全局的高度用全局性的视角来分析产生问题的根源，设计相应的解决方案。

一个系统通常由很多部分或元素组成，各个部分或元素之间是相互关联的，而它们作为一个整体又有一个共同的目的。比如，企业作为一个系统是由老板、高管、员工、厂房、机器等多种元素按不同的部门组成的，这些元素之间存在着各种关系：上级和下级之间是命令与执行的关系；员工与员工、部门与部门之间是分工协作的关系，还有许多关系是通过制度和流程来定义的。要理解一个企业是如何运行的，你首先要了解它的组织架构，以及这些元素的关系结构。

另外，这些元素组合在一起是为了一个共同的目的，那就是盈利。在这个总目标之下，系统中的各个组成部分都会有自己的子目标，而这些子目标有时与系统的总目标并不完全一致。比如，老板想的是如何是把企业做大做强，而员工想的是多发点工资，改善个人生活。销售部想的是如何多接订单，多拿提成；生产部想的是如何通过提高产量来降低产品的单位成本；而采购部想的是如何通过加大采购批量来获得供应商更多的折扣和优惠……

这种涉及系统中多种元素的问题就不能采用线性思维的方法来解决了，因为在线性思维的背后，存在一个简单直观的因果关系：既然出现了这样一种结果，就一定有一个原因，只要找到原因，问题就解决了。手机没电了，你去找个充电宝就行了；这里有个坏人，我们就把坏人抓起来。线性思维就是这么直来直去，适合我刚才说的那些简单问题。而系统问题解决起来就复杂多了，因为它通常具有四个特征：

第一，看上去是个小问题，但解决起来要耗费很多资源；第二，系统曾多次试图解决这个问题，却总是半途而废；第三，这个问题看上去挺容易解决，可是大家故意不解决；第四，类似的问题一再发生，整改了也没用。"

"对，高老师，在我们集团，呆滞库存就是这样，年年整改，年年增加，这种问题到底应该怎么解决呢？"昆鹏深有感触。

增强回路与平衡回路与对照

高展继续讲解："解决系统问题不能一蹴而就，也不是花些钱就能摆平的，而是要抓住两个关键点：第一个关键点是库存。库存不一定是物理形态的存货，而是系统里面某种东西的保有量。比如，对一个挣钱系统来说，库存就是你挣了多少钱。库存有输入和输出，输入则增加库存，输出则减少库存。

库存可以是任何东西。以夫妻关系为例，库存就是两个人共同积累了的正面情感。输入是每个人对另一半的付出，付出可以增加情感库存；输出是两个人在日常生活中的矛盾和争吵，输出会消耗情感库存。如果有一天情感库存见底了，两个人的婚姻也差不多快走到头了。所以我们在评估一个系统的时候，首先要考虑它的输入、输出和库存。输入、输出影响库存，库存也会反过来影响输入和输出。

第二个关键点是反馈回路。

反馈回路分为两种：一种是增强回路，就是库存里的东西越多，输入就会越大，于是进一步增加库存。比如挣钱就属于增强回路。你挣的钱越多，可以拿去做投资的钱也越多；投资越多，产生的利润也就越多；利润越多，你的钱就会进一步增加。这是一个增强回路。

导致系统崩溃的往往也是某种增强回路。我们还以夫妻关系为例，情感库存越少，你看对方就越不顺眼；你看对方越不顺眼，你们就越容易发生冲突。结果就是情感库存进一步减少，与此同时，有一种叫作愤怒的情绪与日俱增。

另一种是平衡回路，当库存太多了，平衡回路负责减少库存。比如当你觉察到老婆情绪不佳就赶紧哄哄，或者给她买个包，这都是平衡回路，目的是让系统回到正轨上来。

再以减肥为例，库存是体重，输入是你吃进了多少卡路里，输出是运动和健身。你吃得越多就越贪吃，越贪吃体重就增加得越快，这是增强回路。体重增加了，你想节食和健身，这是平衡回路。健身会产生愉悦感，同时让体重下降，体重下降会增强你的愉悦感，于是，那些越经常健身的人就越喜欢健身，这是平衡回路中的一个增强回路。

一个系统中可以有若干个增强回路和平衡回路。增强回路让系统增长或者崩溃；平衡回路让系统尽可能保持平衡。对于你要解决的问题来说，可能就是有一个回路正在起主导作用，如果你能在系统里找到这个起主导作用的回路，你就抓住了系统的主要矛盾，也就找到了解决问题的关键。"

增强回路：前端杂、中端乱、后端重

"高老师，在我们集团，呆滞库存就是增强回路造成的吧？"昆鹏颇受启发。

"没错，在呆滞库存的背后确实存在一个增强回路，具体表现是前端杂，中端乱，后端重，这种现象在我们咨询过的企业中还是挺普遍的。呆滞库存的问题与其说是病，不如说是失调，是一种成长期综合征。对病要治，对失调则需要采用调理的方法。"高展解释道。

"什么叫成长期综合征？"昆鹏有些不解。

"中国改革开放的这四十年，催生了许多快速成长的企业。以 LX 集团为例，年营业额从 20 年前的几千万元增长到现在的十几亿元，翻了几十倍。快速成长是件好事，但也同时带来了成长的烦恼。很多企业长成了'小胖子'，体重不断增加，体质却越来越差，就像一个人成长发育得不均衡，有些器官发育得太快，有些则发育得太慢。比如，这些年来，许多企业收入的增长慢于成本的增长，从利润表来看增收不增利，再看现金流量表，经营现金流持续下降。"

"我们集团就是这样，这些年营业收入规模越做越大，而利润基本持平，甚至略有下降；或者账面上赚钱了，而实际上赚的钱都变成了存货，就像钱老师所说的那样，存货中还包含大量卖不出去的呆滞库存，也会吃掉一部分利润，而且库存的积压也导致我们集团的资金周转常常捉襟见肘。"昆鹏无奈地摇了摇头。

"这就是成长期综合征。规模越做越大，产品线越来越长，产品型号越来越多，生产的复杂度大大增加，复杂度的增加迫使生产厂添置更多的机器设备，储备更多的原材料和备品备件，资产变得越来越重。企业臃肿不堪，人越招越多，流程却越来越慢，部门之间相互扯皮，小企业患上了大企业病，这是不是一个增强回路？当增长放缓时，这种成长期综合征的副作用就会显现出来，具体表现就是前端杂、中端乱、后端重"（前端杂、中端乱、后端重如图 5-1 所示）

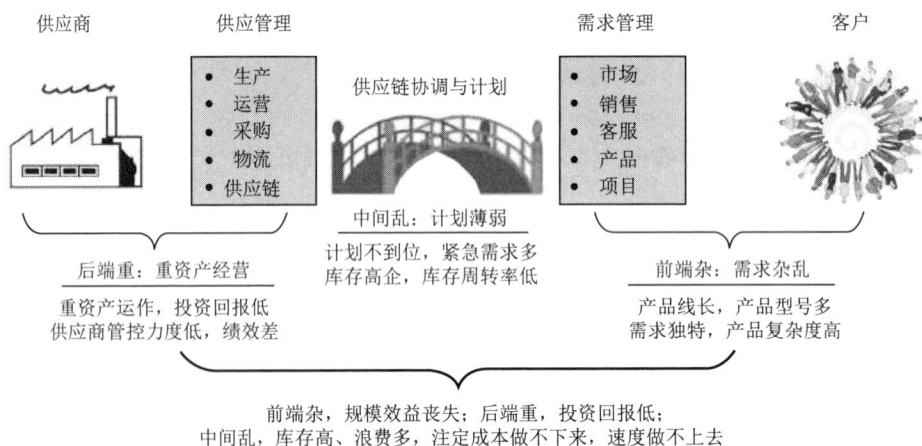

图 5-1　前端杂、中端乱、后端重

昆鹏深有感触地点了点头："高老师，那什么是前端杂、中端乱、后端重？"

"先说前端杂，在我们 LX 集团，销售公司位于业务链的前端，最接近市场和客户，所以，集团的一切工作一定是以满足客户需求为核心，对吧？这本来没有错，因为客户是我们的衣食父母，客户需求是集团业绩增长的源头，但任何事都是过犹不及，以销售驱动增长的策略决定了销售公司在集团的强势地位，片面追求营收成长和市场规模的销售策略导致销售员只要有订单就接，既不考虑客户的信用情况，也不考虑客户提出的要求是否合理，更不考虑产品生产加工的复杂程度和成本，完成这个订单需要消耗多少资源，等等，这样就会形成销售公司接的订单越来越多、越来越杂的局面，这就是'前端杂'。

如果生产厂抱怨有的订单交货期太紧，批量太小，需要赶工和加班才能完成，这样做下来成本太高，得不偿失。销售员就会说：现在市场竞争这么激烈，我为了抢这个订单，请客户吃饭茅台酒就喝了好几瓶，现在好不容易把这个订单拿到了，你们生产厂难道就做不出来吗？如果销售公司和生产厂把这个争议提交到昆总您这里，由您来做最终裁决，您的裁决是做还是不做？"

"当然要做了。现在电机行业是买方市场，我们根本没资格挑肥拣瘦，客户的这个订单你如果嫌麻烦不愿意做，马上就会被竞争对手抢过去，下次再有容易做的订单客户也不会再找你了。"昆鹏回应道。

"好的，所以，在客户就是上帝的口号下，生产厂基本没有反对的余地，只能硬着头皮上。于是，加班加点把产品做出来了，但成本太高，入不敷出；而且只要第一次开了口子，以后这种急单和插单就会越来越多。生产厂疲于奔命，不得不建立一大堆储备产能和安全库存来应对，这就是所谓后端重"。

"那中端乱呢？"

"中端乱主要指由于销售公司与生产厂之间的协调不到位，造成库存积压。其实，呆滞库存表面上看是执行方面的问题，实际上是计划的问题。计划是连接前端需求与后端供应之间的桥梁，计划工作也是我们很多企业的短板。所以，控制库存首先要从增强计划功能着手，用计划来更好地匹配供应与需求。"

平衡回路：供应链管理

"那如何增强计划功能呢？"昆鹏问道。

"重新定位采购中心的功能，把现在的采购中心升级为供应链管理中心，建立一个前端防杂、中端治乱、后端减重的平衡回路。"高展斩钉截铁地回答。

"供应链管理？这个词我以前好像听说过，您能详细解释解释吗？"

"简单地说，供应链管理就是采购把原材料买进来，生产将原材料加工成产品，物流将产品配送给客户，这三项活动都必须在计划职能的指导下运行，也就是说，采购要遵从计划的指令，买什么，买多少，什么时候买；生产也要遵从计划的指令，加工什么，加工多少，什么时候加工；物流也要按照计划的安排，配送什么，配送多少，什么时候配送。总之，供应链管理就是以计划为指导，采购、研发设计、生产和物流严格按照计划去执行。担任供应链管理这一职务的高管必须具备卓越的计划能力和良好的协调能力，既要能够指导销售公司加强对客户的需求管理，降低订单的复杂度；还要能够协助研发中心改变只有设计，不考虑成本的局面，同时引导生产厂改变目前的重资产运作模式，甚至要将更多的增值活动外包出去，尽量分包给上游的供应商来完成；最后还要能够帮助采购部门提高对供应商的选择和管理能力，改变有采购没有供应商管理的局面，确保企业从市场上获得更低成本的资源。"

"可是，把这么繁重的工作交给米总肯定不合适，他还有两年多就该退休了，身体也一直不太好，目前采购中心的工作已经让他感到力不从心了，这也是他向我提出辞职的理由之一。"昆鹏面露忧色。

"昆总，我觉得供应链管理让袁总负责比较合适，这段时间我和袁总在工作中接触比较多，感觉他的大局观很好，分析问题能很快抓住重点，有亲和力。最近为了绩效指标分解的事，我们分别同集团内其他几位高管沟通，我发现袁总的情商特别高，每次面谈，不管最后有没有达成一致，气氛都很融洽。更重要的是，建立供应链管理体系是一项长期而又艰巨的工作，需要一位年富力强的高管来做，袁总今年只有40多岁，各方面的条件都比较符合。"钱锋建议道。

"这倒是一个好主意！袁华在我们集团的管理团队里相对年轻，他是米总的外甥，不算是创业元老，是我10多年前从部门经理中选拔上来的。他在运营中心主要负责集团的基建项目和资产管理，这两年受公共健康安全事件影响，业务收缩，集团的基建项目不多，运营中心承担了更多综合计划的职能。袁华有能力，但他能否胜任这么艰巨的工作，我心里实在没底。另外，根据高老师刚才的介绍，这个职位将来要统一协调和管理销售公司、研发中心、生产厂和采购中心，如果有人不服气，以他的资历和能力能不能摆平那些资历比他老的高管？这是我最担心的。"

"昆总，人事安排基本上不涉及组织结构的调整，既然运营中心的主要职能就是计划管理，现在升级为供应链管理中心，实际上是给运营中心增加了更多的职能和赋予了更大的管理权限。既然米总和袁总是亲戚关系，那就更好办了，可以让米总继续负责采购中心，在他退休前逐渐把工作移交给袁总。至于袁总将来能否服众，我认为这首先取决于您对他的支持力度，这个支持不是阶段性的，而是一种长期的、持续不断的支持。"

"我肯定没问题，米总那儿也应该没什么问题，我担心的是其他高管不配合怎么办。"

"您的担心我能理解，建设供应链管理体系是一个系统工程，需要整个管理团队转变观念，走出舒适区，全力以赴。供应链管理还涉及整个集团工作流程和管理权限的调整，资源的再分配，动静不小。根据我以前在跨国公司参与变革管理的经验，企业在发动一场变革之前，首先要给员工洗脑。我建议，在您宣布决定之前，我先给集团的全体高管和业务骨干举办一场关于供应链管理的培训，让大家统一思想，加强对供应链管理重要性的认识。等全面预算管理这个项目做完之后，LX集团在供应链管理实施过程中遇到任何问题，可以随时联系我们。我们TY财税作为咨询顾问，不会仅仅给你们提个建议、开张药方就拍拍屁股走人了，肯定还要把你们扶上马再送一程的。"

高展的话让昆鹏紧锁的眉头渐渐舒展开来。

"太好了，高老师。明年很可能还要麻烦你们再过来，帮我们开展提升供应链管理的咨询项目。这样吧，下午我们集团领导班子成员先碰一下，定下来之后我去和袁华谈。如果他同意接受这个挑战，供应链管理培训就安排在这周六吧，等您讲完课我就宣布这项决定。"

昆鹏高兴地走出了小会议室。

供应链管理项目启动会

周六一大早，LX 集团的管理团队和各责任中心的业务骨干，以及核心员工陆续来到了集团大会议室，参加年终集团安排的供应链管理培训。昨天，昆鹏已就授权运营中心建立供应链管理体系一事同袁华进行沟通。一开始，袁华还有些犹豫，认为自己能力有限，难以胜任如此艰巨而繁重的工作，他还表示自己在集团的管理团队中人微言轻，论资历难以服众。昆鹏向袁华详细阐释了这项工作对 LX 集团当下的紧迫性和长远发展的重要性，同时真诚表达了对他的敬业态度和工作能力的信任，并表示一定会全力支持他的工作，遇到困难时还可以借助外援，向 TY 财税的顾问们求助。在昆鹏的鼓励下，袁华最后接受了新的工作安排，同时向昆鹏建议先给他三个月试用期，如果到了明年三月底他还无法胜任这项工作，就把 TY 财税的顾问们再请过来启动供应链管理提升的咨询项目，昆鹏同意了。

早上 8：50，高展、钱锋、万慧和乔智来到大会议室，发现 LX 集团的大部分高管都已到场。袁华坐在第一排，神色显得有些凝重。高展向大家一一问候，轮到袁华时还特意拍了拍他的肩膀，然后走上讲台打开电脑。投影仪刚刚调试完毕，昆鹏走进了大会议室。

9：00，培训正式开始，昆鹏首先致开场白："大家早上好，记得 10 月 20 号那天，也是在这里，我们 LX 集团的全面预算管理项目正式启动。现在，第一轮预算编制已经完成。在这一个多月里，大家都非常辛苦，特别是 TY 财税的老师们，既要指导我们做数据分析，编制明年的预算，还要经常帮我们'救火'。在这段时间，大家（包括我在内）在工作中没少麻烦几位老师，我们都舍不得让你们走了。今天借这个机会，让我们向几位老师的辛勤付出表示衷心的感谢！"

在经久不息的掌声中，高展、钱锋、万慧和乔智纷纷站起身向大家鞠躬致谢。

昆鹏继续讲话："通过这段时间的接触，相信大家对 TY 财税各位老师丰富的专业经验和强烈的责任心都留下了深刻的印象。最近，高老师针对 LX 集团的痛点问题，给我们开出了建立供应链管理系统的药方，特别难得的是，TY 财税的老师们不仅向我们提供解决方案，还将指导我们如何让方案落地。今天，高老师会用一整天的时间给我们讲解供应链，以及如何开展供应链管理。这项工作也将是我们集团明年工作的重点，与每个经营实体和责任中心，还有你们在座的每个人都有关系。所以，今天这场培训非常重要，我对你们的要求和过去一样，每个人都要认真听讲，记好笔记，不懂就问。等高老师讲完之后，我将向大家宣布集团总部的一项重要决定。现在，我们把时间交给高老师。"

高展在热烈的掌声中走上讲台。

"感谢大家这段时间对我们项目组工作的全力支持和配合！对 TY 财税来说，虽然关于全面预算管理的咨询项目我们已经做过不少，但是，像 LX 集团这样要在如此短的时间内完成这么多工作的项目我们还是第一次做。坦白讲，一个月前我们在这里召开项目启动大会的时候，我的心里是没底的。现在，经过大家这段时间的日夜奋战，第一轮的预算编制终于完成了。如果没有在座的各位对我们项目组的全力配合，这一切都是不可能的。通过这一个多月和大家并肩作战，让我们更深切地感受到咱们山东人不计个人得失、吃苦耐劳的敬业精神。我代表项目组向大家表示由衷的敬意！"

又一阵掌声过后，高展引入主题："虽然我们已经取得了阶段性成果，但在今年剩下的这三个星期，我们还有很多工作要做，大家千万不要松劲。目前，联合工作小组正在就第一轮的预算数字和明年的绩效指标分别同大家进行沟通，然后我们会根据大家的反馈对预算和绩效指标进行调整。说实话，现在呈现给大家的这一版预算与股东对我们的期望值还存在一定的差距。希望大家在预算评审过程中就如何进一步降本增效开动脑筋，献计献策，当然有什么困难和担心也要开诚布公地讲出来，我们会集思广益，汇聚大家的智慧，努力把第二轮预算做得更加实事求是、切实可行。今天的供应链管理的培训就是针对最近联合工作小组在同大家进行预算评审和绩效指标沟通时遇到的问题安排的。根据我们过往的经验，如果这个问题不解决，咱们集团明年的预算也只能是纸上谈兵，无法真正落地。"

供应链管理的三个"流"与两大职能

高展打开一张 PPT：（供应链的三个流如图 5-2 所示）

"首先让我们来看看什么是供应链管理。提到供应链管理，可能很多人会联想到物流管理，其实供应链涉及三个"流"：信息流、物流和资金流。

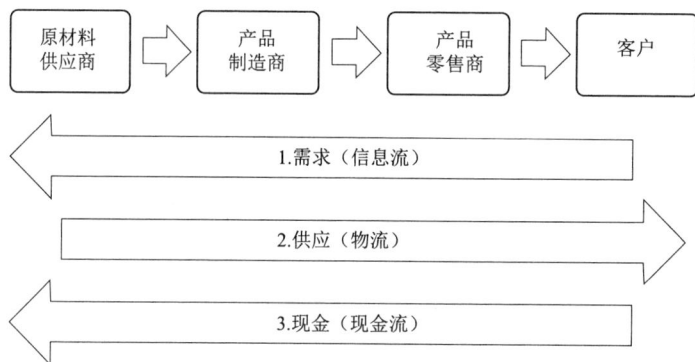

图 5-2　供应链的三个"流"

供应链这个概念是 20 世纪 80 年代提出的，90 年代在美国逐渐兴起，真正进入中国是在 2000 年之后。供应链与传统商业活动的核心区别，就在'链'上。传统商业活动的特点是各个企业独立运营，自成体系，企业之间是简单的买卖关系，交互不多，基本上各干各的。而现代供应链是以核心企业为枢纽，联动上游原料供应商和下游零售商，在信息流、物流和现金流上加强交互，形成一个有机的协作共同体，协同资源推动全链条的精细化管理，从而达到降本增效的目的。

供应链管理包括两大职能：计划与执行。计划职能是指供应链管理中心根据客户订单和交货期的要求分别给研发、采购、生产和物流部门下达指令。比如，研发部门要按计划指令进行产品设计；采购部门买什么，买多少，什么时候买；

生产部门加工什么，加工多少，什么时候加工；物流部门配送什么，配送多少，什么时候配送……所有这些活动都要遵从计划指令。执行职能是指采购部门把东西买进来，研发和生产部门把产品造出来，物流部门把产品配送给客户，这些活动都是供应链的执行职能。供应链管理的核心就是在计划的指导下，由供应链管理中心来统一安排和协调这些活动。"

"可是在我们集团，目前还没有这样一个部门来统一负责这些活动的计划与协调，您所说的供应链管理又如何实现呢？"樊星提问道。

"是的，樊总。LX集团的现状是，研发中心负责设计产品，销售公司负责定价、推销和向客户发货，采购部负责与供应商谈判，生产厂负责生产加工，财务负责资金管理，所有这些活动都是由不同部门按不同的时间表来完成，所有部门的负责人都是直接向昆总报告，而昆总作为LX集团的一把手，是不应该把时间和精力都用在这些具体工作上的。"高展回应道。

昆鹏站了起来："这个问题让我来回答吧，其实这也是我们今天搞这场培训课的目的，本来这个决定我打算等高老师讲完之后再宣布，现状既然樊总问到这儿了，我就提前宣布一下吧：经集团领导班子研究决定和董事会批准，自明年1月1日开始，将运营中心改为供应链管理中心，由袁华同志任该中心总监，全面负责集团供应链管理系统建设。我刚才强调过了，这是我们集团明年工作的重点，请大家一定要全力支持积极配合供应链管理中心的工作。袁华，你也说两句吧。"

掌声响起，袁华站起身，面向大家深深鞠了一躬，开始发言："感谢昆总和大家对我的鼓励！说实话，以我的能力和资历，是无法胜任这项工作的。承蒙昆总信任，把这么重要的工作交给我，我实在没有办法拒绝，只能边干边学，请大家务必多多关照，也希望高老师多多指教。"

高展回应道："请袁总放心，我跟昆总讲过，我们TY财税的定位是做企业的'全科医生'，我们不会仅仅开张药方留下一个方案就走人了，肯定要把您扶上马送一程。您也不必有太大的压力，今后在工作中遇到任何难题，请随时联系我们，如果有必要，我们也可以再过来提供现场咨询服务。"

"以后肯定免不了要经常打扰各位老师。"袁华感激地点了点头。

企业运营的三个支柱

待袁华落座后，高展继续讲解："袁总，今后你会有两个内部客户：一个是研发中心，另一个是销售公司，这是因为供应链需要同时支持产品管理和需求管理。产品管理要求研发中心设计出好产品；需求管理要求销售公司把产品卖个好价钱；而供应链管理的任务是以合适的成本和速度把产品生产出来，交付给客户。从这个意义上讲，供应链管理、产品管理和需求管理构成了企业的三大核心职能，这三大职能是企业运营的三支柱，企业的其他职能都是围绕这三个支柱，为三大核心职能服务的。"（企业运营的三个支柱如图5-3所示）

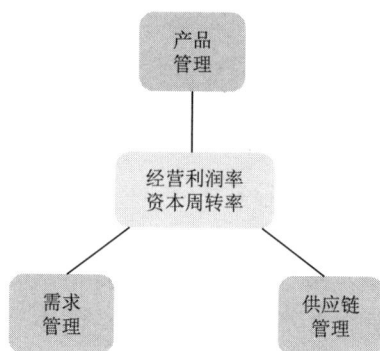

图5-3 企业运营的三个支柱

客户都是上帝吗

"高老师，您能否解释一下什么是需求管理？客户就是上帝，我们销售公司怎么能够管理上帝的需求呢？"一位销售主管问道。

高展打开了一张PPT（客户分类模型如图5-4所示），回应道："首先我想纠正你的说法，不是所有客户都是我们的上帝。乔老师最近不是帮你们销售公司做过客户分类模型吗？他按客户的年订单额和他们采购产品的加权毛利率，把客户分成了铁杆客户、潜力客户、跑量客户和问题客户四种类型，大家认为这四类客户都是我们的上帝吗?"

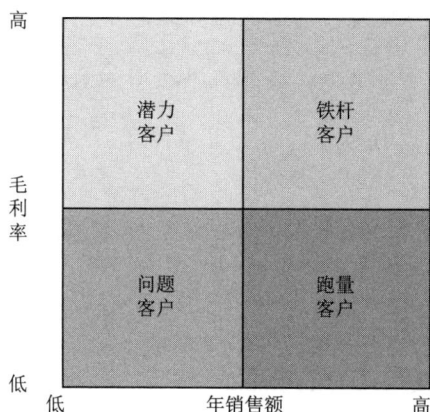

图 5-4　客户分类模型

"不全是，至少问题客户不算。"樊星反馈道。

"这种用数据给客户贴标签的方法虽然有点简单粗暴，但至少为客户价值评估提供了参考，同时也为我们完善对客户的需求管理提供了重要依据。加强对客户的需求管理是建立供应链管理系统的第一步，因为目前有许多国内企业的供应链管理普遍存在前端杂、中端乱、后端重的现象。位于业务链前端的销售团队为了完成销售额指标，只要有订单就接，有生意就去抢，不考虑投入产出，导致订单越接越多，产品型号泛滥，生产线越来越长，复杂度越来越高，这就是前端杂。生产复杂度的增加将直接驱动生产成本的上升，生产部门为了满足客户五花八门的需求，必须添置更多的机器设备，储备更多的原材料和备品备件，资产变得越来越重，这是后端重。而中端乱主要指由于计划失灵，导致销售、生产和采购之间的协调不到位，造成库存积压，呆滞存货大量增加。"

"高老师，您分析得太到位了，我们集团现在就是这种状况。"鲍远发出感叹。

"高老师，我承认我们销售公司对客户的需求管理比较薄弱，这主要是我的责任。但我们也有自己的苦衷啊，电机行业是买方市场，我们根本没有话语权，客户需求的波动性特别大。有时提前三个月下的订单到了交货期突然就取消了，或者要我们等接到通知再发货，然后就无声无息了。还有一些订单，客户提出许多特殊要求，但价格却压得很低，这种订单我们如果不接，客户转身就去找竞争对手，而客户一旦流失，再想拉回来，可就难了。"樊星的辩白引起了现场很多人的共鸣。

"樊总，您说的情况我完全理解，这不是您一个人的责任，也不全是销售公司的问题，而是涉及LX集团要以一种什么样的模式保持业务增长的问题。我希望大家认真思考，LX集团是一家中小型企业，我们最初的定位是特种电机的制造商，基于这一定位，我们是不是需要把电机市场所有产品的格子全部填满呢？"高展的提问引起了大家的沉思。

并非所有的格子都要填

"高老师，这个问题也一直在困扰着我，有些产品从接单那一刻起我们就预测到这个单子不赚钱。但是，就像樊总所说的那样，现在的市场竞争太残酷了，如果我们不做，这种订单马上就会被竞争对手抢走，这不是等于我们把市场和客户白白让给竞争对手了吗？"昆鹏反问道。

高展笑了笑，说道："这个问题，我们在其他企业也经常被问道。前些年，我们曾经给一家制造手机的公司做咨询。这家公司产品种类繁多，型号泛滥，提起那些不赚钱的产品，我问他们的董事长为什么不砍掉，他说：高老师，这你就不懂了，我得填格子啊。我的客户分为高、中、低三档，既有白领，又有学生，手机分大屏和小屏两种类型，这就是12个格子，这些格子如果我不填，竞争对手就会填，言下之意就是他的市场份额就会受到侵蚀。我反问他，既然你明明知道有些格子里的产品不赚钱，那就让让竞争对手来填补，让他们去亏本，不是正好吗？那位董事长哑口无言。"

高展打开另一张幻灯片："大家都听说过麦当劳为什么喜欢卖汉堡的故事吧？

1937 年，麦当劳兄弟在美国加利福尼亚州巴赛迪那刚刚营业的时候，曾经销售的产品多达 25 种，包括汉堡、热狗、奶昔等。1940 年，他们通过简单的财务数据分析，意外地发现营收的 80% 居然来自汉堡。虽然三明治、猪排等产品味道也很好，但销售业绩平平。于是，麦当劳兄弟决定只填大格子，他们简化了产品线，专攻低价而且销量大的产品，将产品从 25 种减少到 9 种，并把汉堡的单价从 30 美分降到了 15 美分。从此之后，麦当劳的销售及利润大增，为后来发展成为世界级企业奠定了基础。"

高展话锋一转："我们很多国内企业，在制定增长策略时总想着把所有的格子都填满，不仅增加了产品的复杂度，而且导致成本的大幅度上升。要知道，产品的复杂度是成本的驱动器，它直接影响供应链系统和流程的复杂度。产品的复杂度越高，系统的反应速度越慢，流程也会变得越来越长。产品、系统和流程这三个维度的复杂度会同时驱动成本上升，库存积压，资产周转速度下降，使企业陷入增收不增利的增长误区。所以，企业要想从源头降本增效，首先要控制产品的复杂度，而复杂度控制的重点就是前端防杂，改变只有销售管理没有客户需求管理的现状，砍掉不赚钱的产品和客户，精简生产线。"

复杂度也有好坏之分

"高老师，您讲得很有道理，我以前也曾经动过这个念头，但迫于市场的压力，一直没敢下这个决心。"昆鹏若有所思。

"昆总，我理解您的担忧。我提议砍掉不赚钱的产品和客户，并不是要你们采用'一刀切'的方法，在实际操作时还要具体问题具体分析。比如，有些产品虽然不赚钱，但至少可以覆盖变动成本和一部分固定成本，让企业维持运转，养着核心员工，这样的产品肯定应该保留下来。否则，把人都炒了，生产线卖了，等有了盈利的订单也没法接了。

另外，有些新产品刚投入市场，处于试销阶段，还没到起量的时候，暂时不赚钱，是因为还没达到盈亏平衡点，这类产品也应该保留下来，因为它是企业的第二增长曲线，洗澡不能把孩子和脏水一起倒掉。

最后，我想强调复杂度也有好坏之分，客户愿意付钱的复杂度是好的，这种复杂度是你的竞争优势，提高了产品的进入门槛，肯定要保留；客户不愿意付钱的复杂度是坏的，这种复杂度增加了成本，是你的竞争劣势，必须要消除。我们要做的就是在好的复杂度上盈利，在坏的复杂度上降本。"

高展的话音刚落，樊星就站起来表态："高老师，您讲的这部分内容对我很有启发，也让我看到了乔老师帮我们搭建的客户分类模型新的价值。这个模型除了可以帮我们控制对客户赊销的信用额度之外，也为我们完善客户需求管理机制提供了依据。我打算先从那些问题客户开始，如果批量太小、加工起来又特别麻烦的订单，我们理应采取放弃的策略！就像您刚才所说的那样，把这类客户和订单留给竞争对手对我们来说其实没什么可惜的。我们应该追求有质量的增长，不能只增收，不增利。而且，我个人认为，目前电机市场这种无序竞争的局面是不可持续的，那些长期无法盈利甚至赔本赚吆喝的企业最终一定会被淘汰出局。"

"谢谢樊总，您的总结和提炼非常到位。"高展带头鼓起掌来。

后端减重：从重资产到轻资产

短暂的茶歇之后，培训继续进行，高展开启了探询式培训模式。

"刚才和大家探讨了前端防杂。在分享新的内容之前，我想再强调，前端防杂要求我们从需求端就要做好对产品复杂度的控制，促进产品的标准化和设计的优化，给后端的供应链一个清晰、干净、标准的输入，以控制成本增加，提高生产加工的便利性，缩短交货期。

接下来我们再聊聊如何后端减重。后端减重指的是前端客户的需求进来之后，后端的供应链应当以何种方式完成交付。一般来说有两种方式：一是自建厂房，自己购买机器设备进行生产加工，这种方式属于重资产运营；二是外包，把能够让供应商完成的工作尽可能外包出去，我们只做自己最擅长的，这种方式属于轻资产运营。目前 LX 集团选择的是哪一种方式？"

"重资产方式。"现场的回应异口同声。

"好的，前几年，我从《哈佛商业评论》上看到一篇文章，大意是说在过去的30多年里，资本投入是中国经济增长的主要驱动因素，远远超过了劳动力技术水平和生产效率的提升。文章指出，随着人工成本的上升，经济增长的放缓，未来中国经济的增长将主要依赖效率的提升，也就是技术和管理的创新。

不知道大家有没有注意这个现象？这些年，很多企业的资本投入采用的都是简单扩大再生产的模式。随着业务的增长，过度投资带来的固定成本也越来越高，甚至比收入增长得更快。这是因为固定资产的增加首先会带来折旧费的增加；其次，对固定资产的维护费用也会水涨船高，而企业的盈利水平却在不断下降。"

"我们集团就是这样。"昆鹏回应道。

高展继续引导："这就是重资产运营的弊端。重资产的特点是什么产品都自己做，这样必然导致固定成本居高不下，灵活性丧失，这种模式在经济快速增长期尚可维持。一旦增长放缓，行业进入低迷状态，企业就会面临非常大的盈利压力。所以，重资产运营已经走到了穷途末路，因为依赖重资产驱动的业务扩张，让企业获得了市场，失去了利润；做大了规模，却丧失了成本优势，陷入了增收不增利的增长陷阱。

除了简单的扩大再生产，重资产运营的另一种表现形式是收购业务链上游的供应商，走纵向整合之路，采用这种扩张模式的基本上都是一些财大气粗的国企或央企。从某种程度上来看，并购是一个企业供应链管理能力不足的体现。当你没有能力借助外部市场有效获取资源的时候，一些不差钱的企业就会选择走纵向整合之路，通过并购把外部资源变为内部资源，把市场调控变为内部调控。其实，一个企业对外部资源的管理能力越低，就会越依赖纵向整合。但问题是，一个企业管理外部资源和管理内部资源的能力往往是相通的：如果你没有能力有效管理外部资源，你整合管理内部资源的能力也好不到哪里去，这就是为什么那些通过并购形成重资产的企业，总资产收益率总是提不上去，竞争力也不强的原因。"

业务定位：利润率与周转率的组合

"高老师，什么是总资产收益率？"现场有人提问。

"这个问题我建议让咱们的财务总监来回答吧。"高展把焦燕请上了讲台。焦燕在白板上写了一个公式，如图 5-5 所示，然后解释道：

$$总资产收益率 = \frac{净利润}{总资产}$$

$$= \frac{净利润}{销售收入} \times \frac{销售收入}{总资产}$$

$$= 净利润率 \times 总资产周转率$$

图 5-5　利润率 VS 周转率

"总资产收益率是反映一个企业经营效率的指标，表明管理团队运用全部资产创造了多少利润，所以，明年咱们 LX 集团的绩效评价体系基本上都是围绕这一核心指标制定的。总资产收益率的公式是用企业全年的净利润除以总资产，它相当于企业的管理团队向股东提交的一份成绩单。

总资产收益率是一个非常笼统的指标，要在实际经营中真正发挥作用，必须把它分解。怎么分解呢，我们先把净利润和总资产分开，然后在分子和分母分别加上全年的销售收入，这样就得出总资产收益率的两个驱动因素：利润率和周转率，也就是说，要提高总资产收益率，必须同时提高利润率和周转率。我先说到这儿吧，讲得不对的地方，请高老师指正。"焦燕走下了讲台。

"焦总讲得很好，通俗易懂，这个公式大家都理解了吗？"

"理解。"与会人员齐声回应道。

"好的，我再补充一点，利润率和周转率的组合反映了一个企业的业务定位。常识告诉我们，同样的产品，定价便宜就卖得快，贵就卖得慢，企业也是如此。产品定价高，利润率就高，而周转速度一般不会太快；反之，定价低，利润率也低，但周转速度通常会比较快。这两个指标就像小孩玩的跷跷板，呈明显的负相关。

我们来看一个案例，现在有两家房地产企业，它们在某一年的总资产收益率都是 5%，但两家公司利润率和周转率的组合不同，大家可以根据自己的个人偏好做个判断，看看你更喜欢哪一家企业？我们现场表决一下吧"（利润率与周转率的组合见表 5-1）

表 5-1　利润率与周转率的组合

比率	A 公司	B 公司
利润率	23.38%	14.61%
周转率	0.21 次	0.36 次

"喜欢 A 企业的请举手。"现场只有三分之一的人举起了手。

"还不到一半。那么喜欢 B 企业的请举手。"大概有一半左右的人举起了手。

"谢谢大家的反馈，没举手的同学选择哪家企业？还是两家企业你们都不喜欢？"现场笑声一片。

"现在，我来公布这两家企业的名字，你们看看是否还坚持自己原来的选择？"（这两家公司利润率与周转率组合见表 5-2）

表 5-2　招商局地产控股股份有限公司（以下简称招商地产）与万科企业股份有限公司
（以下简称万科）的利润率与周转率组合

比率	招商地产	万科
利润率	23.38%	14.61%
周转率	0.21 次	0.36 次

虽然两家公司的总资产收益率都是 5%，但招商地产的定位是高档住宅，面向高端人群销售，所以它的定价高，利润率也高，但周转率比较低，因为定价高的房子通常卖得会比较慢；而万科的定位是普通住宅，定价相对更亲民一些，利润率大大低于招商地产，但周转率更高。在万科，一个房地产开发项目从立项到将房子全部售罄，一般只需要两年的时间。所以，万通集团前董事长冯仑曾号召房地产企业'学习万科好榜样'。从这个案例可以看出，虽然招商地产和万科都是房地产公司，但是，由于两家公司的业务定位不同，商业模式也有明显差异。招商地产采用的是'高利润率 × 低周转率'模式，而万科采用的是'低利润率 ×

高周转率'模式。记得万科前董事长王石曾给他的管理团队定过一个规矩：利润率超过 25% 的项目不做。这两种模式各有利弊，在经济繁荣期，万科的业绩表现肯定不如招商地产靓丽；而在经济萧条期，万科的这种模式应当更加安全，周转率高，意味着现金回笼快，企业的造血功能好，抵抗不景气的能力比较强。"

快时尚是否适合房地产企业

高展继续引导："从咱们现场表决的情况来看，喜欢'低利润率 × 高周转率'模式的人更多一些，这可能和我们国家这几年经济增长放缓的大环境相关。当冬季来临的时候，我们一定要给自己留足过冬的粮食。对企业来说，熬过经济寒冬的粮食就是现金流，所以，大部分人选择万科的模式是可以理解的。其实，大家对这种模式应该并不陌生。在其他行业，也有许多企业通过采用这种模式来提高总资产收益率。比如，服装行业的 Zara，这个品牌大家都听说过吧？"

焦燕回应道："听说过，Zara 是一家快时尚公司，我逛过他们在青岛开的专卖店。听说 Zara 的设计师很少有自己的原创，一般都是通过街拍获得灵感和借鉴其他大牌设计师的创意来设计时装，然后用非常便宜的面料小批量生产出来，通过遍布世界各地的门店进行分销。Zara 的服装款式新，价格便宜，深受像我女儿这一代'00 后'的喜爱，因为她们只需要花很少的钱就可以穿上最时髦的衣服。而且 Zara 的供应链管理也非常出色，我听说，服装行业大部分企业的存货周转期是 90 天，每年服装换季的时候，都有大量呆滞库存需要打折降价处理，浪费惊人，而 Zara 的库存周转期只有一周左右。"

"谢谢焦总的介绍。请大家想想，这种模式有哪些风险？"

"'山寨'别人的设计肯定是要被起诉，而且这种快时尚模式大概率要以牺牲产品的质量为代价。"樊星回应道。

"樊总说得很对。被诉讼的风险已经发生了，据说 Zara 每年都要拿出一大笔钱去应对来自其他品牌的法律诉讼，但是，与通过缩短存货周转期节省下来的成本相比，这笔钱不过是九牛一毛。说到质量，Zara 是卖服装的，服装面料的质量不高对 Zara 的客户应该影响不大，就像刚才焦总讲的那样，Zara 的主要客户是 90 后或 00 后这一代人，他们追求的是新潮和时髦，而不是经久耐穿。然而，如果房地产公司也采用 Zara 这种快时尚的运营模式，他们造出来的房子你敢买吗？"

"不敢。"现场的回应异口同声。

"所以，选择哪一种运营模式取决于具体的行业和企业的具体情况。比如，对生产牛奶这类保质期比较短的食品加工企业来说，周转率的优先级肯定要排在利润率的前面；而对于房地产开发企业来说，如果片面追求高周转率，有可能会产生非常严重的后果，因为无论是降低成本还是提高资产的周转速度都不能以牺牲质量为代价。一个令人担忧的现象是，这些年，房地产行业因债务违约而爆雷的事件时有发生，一些房地产开发公司为了防止资金链断裂，改善现金流，纷纷采用了万科快速开发、快速销售的模式，由此引发了一系列质量纠纷。这些质量问题对消费者来说是完全不能接受的，买件衣服质量差一些也许我们尚可容忍，因为它并不致命；而买房子可能要花掉一个家庭的全部积蓄，甚至还要当很多年房奴。所以像房子这种产品是不能在质量上打折扣的，它反映一个企业的社会良知和道德底线。"

高展的讲解让大家频频点头。

降本提速攻略：与优秀企业对标

"再问大家一个问题：LX 集团采用的是哪种模式？你觉得你们的模式像招商地产还是更像万科？"高展继续提问。

"都不像，我们的模式是'低利润率 × 低周转率'。"袁华的回应引来一阵笑声。

"我们集团最初的业务定位是'低利润率 × 高周转率'，这几年渐渐变成了双低。"昆鹏解释道。

"这说明 LX 集团陷入了增长陷阱，收入越来越高，产品线越来越长，产品的种类越来越多，资产变得越来越重，员工越招越多，流程变得越来越复杂，而利润却越变得来越薄。随着资产周转率越来越慢，你们的造血功能也会变得越来越弱，陷入规模越大，企业越缺钱的怪圈。

而解决这一系列问题的钥匙，就是供应链管理。前端防杂，通过控制产品的复杂度来控制成本，提高利润率；后端减重，通过将重资产变为轻资产运营模式来降低供应链成本，提高周转率。

现在，让我们来看看我们可以通过哪些途径提高利润率？"高展发起了一轮头脑风暴。

"增加销售额。"

"产品提价。"

"减少原材料消耗。"

"降低废品率和返工率。"

"削减管理费用。"

……

"大家的提议都非常好。我们能否这样概括：利润率的提高主要取决于销售管理和成本管理，销售管理前面已经讨论过了，主要途径是通过强化需求管理降低产品的复杂度，从而降低成本。关于成本管理，还有一个简单实用的方法叫作成本百分比法，就是用利润表中的料、工、费等每个成本要素的金额分别除以销售收入，计算每一项成本占销售额的百分比，这样就可以非常直观地看到，企业每100块钱的销售额里，购买原材料、给工人发工资、制造费用、销售费用和管理费用等分别花掉了多少钱。

然后，我们找一家业内的优秀企业作为标杆进行对比，看看人家每项成本占收入的百分比分别是多少。如果我们的某项成本高于标杆企业，就要认真找找原因了。为什么我们的这项成本比人家高？有没有降低的空间？应采取哪些措施降低？通过和优秀企业对标，可以找到我们的差距，挖掘降本增效的潜力。"

"高老师，您推荐的这个方法很好，电机行业确实有一些值得我们学习的优秀企业，但是这些企业的规模通常要比我们集团大许多倍，跟这样的企业去对标，两家公司的成本是否具有可比性呢？"鲍远问道。

"鲍总的问题问得好。在对标之前，我们首先要对成本分类，把它们分为变动成本和固定成本。不同企业的业务规模不同，需投入的资产规模不同，分摊到每件产品上的固定成本肯定存在很大的差异，可比性不高。但是，变动成本相对来说还是比较容易比较的，变动成本主要包括直接材料和直接人工，就同一款电机而言，不同企业在这两项成本上消耗的差异反映了它们在运营和管理水平上的差距。"高展回答道。

"我们来拆解周转率吧，大家再来一轮头脑风暴，提高周转率有哪些措施？"

"控制赊销，增加现销，减少应收款。"

"降低存货，减少呆滞库存。"

"控制投资规模，不随意扩充固定资产。"

……

"非常感谢大家。这些都是后端减重的重要举措，预算管理委员会已将相关指标列入明年的绩效评价考核体系，并分解到相应的经营实体和责任中心，目前正在和大家一一沟通，希望大家密切配合。"

从 0 到 1 与从 1 到 N

高展刚要开始讲新的内容，袁华提出了一个问题：

"高老师，在现实生活中，有没有利润率和周转率都高的企业？"

"当然有了，有没有人愿意替我回答袁总的问题？"高展现场发问。

"苹果公司就是一家利润率和周转率都高的企业吧。"闫飞抢答。

"没错。请大家想一想，苹果今天的成功应该归功于谁？"

"肯定是乔布斯啊。"很多人异口同声地回答。

"错，其实乔布斯对苹果的贡献只占50%。乔布斯是一个天才的产品经理，他最厉害的地方就是能够精准地把握用户的需求。乔布斯开发的每一款产品，不管是 iPhone 还是 iPad，定价很贵，但卖得特别好。所以，苹果公司的高利润率肯定应该归功于乔布斯。那我为什么说他的贡献只占 50% 呢？"

看到没人应答，高展继续引导："乔布斯的贡献是开发出一个又一个好产品，但是只完成了从 0 到 1 的过程。如何把他设计的产品以低成本、高质量的方式快速地生产出来，并交付到用户手中，完成从 1 到 N 的复制，就要考验企业供应链管理的功夫了。大家知道，苹果的产品很酷，但是没有一家自己的工厂，生产制造全部外包。这背后有一个强大和卓越的供应链系统在支撑，而负责这条供应链运营和管理的人是谁呢？"

"现在的 CEO 蒂姆·库克。"闫飞回答。

"是的。如果说乔布斯的贡献是高利润率，那么库克的贡献就是高周转率，双轮驱动构成了苹果的竞争优势。乔布斯和库克可谓天作之合，乔布斯的强项是产品设计，而库克更擅长供应链管理，他在加入苹果之前就是一位供应链管理专家，曾在 IBM 和康柏任职多年。当年乔布斯把他从康柏挖到苹果，就是看中了他卓越的供应链管理能力。所以，苹果的成功表面上看是产品设计的成功，实际上也是供应链运营和管理的成功，库克的贡献足以和乔布斯平分秋色。但为什么大家只记住了乔布斯，而忽视了库克呢？"

"可能因为乔布斯已经去世，似乎更容易被人们记住吧。"樊星的回答引来一片笑声。

高展看了看放在讲台上的手表，已经到了午餐时间，于是做了一个简短的小结："该吃午饭了，上午的内容就先分享到这里吧。讲了这么多，希望大家记住两个核心概念——前端防杂和后端减重。前端防杂是通过控制产品的复杂度来控制成本，后端减重是在满足前端客户需求的方式上，改变大包大揽，什么都自己做的重资产运作方式，通过外部市场来获取资源，借助供应商的专业能力完成订单交付。后端减重的优点是减少了固定资产投入，将固定成本变动化，让企业能够随着业务量的变化更有效地控制成本。对我们 LX 集团来说，前端防杂需要销售公司加强对客户需求管理的能力，后端减重需要采购中心提高对供应商的选择和管理的能力，第一种能力前面已经探讨过了，如何提高第二种能力呢？咱们下午接着讲。"

对采购的四个认知误区

下午2：00，培训继续。

"大家下午好，欢迎回来，我们继续分享关于供应链管理后半部分的内容。上午结束前，我们讲到如何后端减重。后端减重的核心，是提高对供应商的选择和管理的能力，能外包的尽量外包，甚至可以邀请供应商参与产品设计，借助供应商的专业能力完成订单交付。说到供应商管理，我发现我们 TY 财税服务过的企业有一个普遍现象，那就是管不好自己的供应商，不知道咱们 LX 集团是不是也是这样？"高展问道。

"是的，高老师，我们集团的采购批量小，和供应商谈判没有太多的话语权，有些订单甚至是我们求着人家来做，能按时供货就已经很不错了，还想管理人家，这不太现实。"米航回应道。

"谢谢米总。请大家注意，米总刚才所讲的涉及供应链管理的一个重要问题，那就是如何定位采购在企业中的职能。大家先来做几道判断题，看看在你的心目中，采购究竟是干什么的？"高展打开一张 PPT。

"第一，采购就是到市场去买东西，比做销售容易得多，只要会砍价就行。"

"有道理。"有人回应道

"第二，干采购是个肥差，油水很大。对吧？"现场笑声一片。

"肥差？"米航发出一声冷笑："苦差还差不多！谁要是觉得这个差事油水大，我愿意把这个活儿让给他。"

"第三，采购负责人一定要由老板最信得过的人来担任，最好是老板的亲戚。"

"米总可不是我们家亲戚。"昆鹏的话引起一阵笑声："但肯定是我信得过的人，米总在我们集团担任采购总监 10 多年了，从未出过任何问题。"

"第四，采购员不懂技术，生产部需要什么就去买什么，就是个办事员。"

"差不多是这样，采购员在供应商那里没有话语权，我们在企业内部好像也没什么话语权。"米航回应道。

"谢谢大家的反馈。刚才这四种说法，其实都是对采购职能定位的误区，如果有人认同其中的某个观点，说明你对采购的认知存在偏差。"

高展揭开谜底，现场一片哗然。

"采"和"购"哪个更重要

高展继续讲解："严格来讲，采购应分为'采'和'购'两部分职能，刚才那四种说法实际上把两个职能给混淆了。先说'采'，英文叫作 Sourcing，主要包括从需求管理开始，对原辅料、零部件的品类和规格进行规划、决定，对供应商进行寻源、资质评估，然后安排商务谈判，签订合同。

再说'购'英文叫作 Purchasing，指的是采购员根据采购计划下单、催货、入库、结算，以及对供应商的供货表现进行评分反馈等活动。

大家发现了没有？'采'偏重战略，重点在寻源；而'购'更偏重操作，重点在供应。那么，你们觉得'采'和'购'哪个职能对企业来说更重要呢？"

"当然是'采'。"现场的回答异口同声。

"高老师，您能给我们举一个对供应商的供货表现进行评分的例子吗？"采购中心的一个员工提议道。

"好的。"高展打开一张新的PPT，见表5-3。"对供应商进行评分一般分为三个步骤：第一步，先设定几个评价供应商的关键指标，比如质量、价格、服务、准时交货率，等等；第二步，根据这几个指标的重要性，分别赋予它们不同的权重，比如质量40分、准时交货率35分、价格25分；第三步，根据统计数据分别给每个供应商打分。大家看这个案例，如果只能选择一个供应商，请问哪一家应最终入选？"

表 5-3　供应商的评分与选择

供应商	收到的商品量	验收合格量	单价	准时交货率
甲	2 000	1 920	89	98%
乙	2 400	2 200	86	92%
丙	600	480	93	95%
丁	1 000	900	90	100%

甲：（1 920÷2 000）×40+（86÷89）×35+0.98×25=96.72

乙：（2 200÷2 400）×40+（86÷86）×35+0.92×25=94.67

丙：（480÷600）×40+（86÷93）×35+0.95×25=88.12

丁：（900÷1 000）×40+（86÷90）×35+1×25=94.44

"当然应该选甲了。"很多学员回应道。

"如果甲和乙得分相同，只能选一家，你们选谁呢？"高展问道。

"应该选乙吧。"有人回应道。

"为什么？"

"因为乙的报价最低。"

"如果甲的工厂在青岛，乙的工厂在杭州，应该选哪一家？"

众说纷纭中，高展打开下一张幻灯片，如图 5-6 所示。

1.统一采购原则

2.就近采购原则

3.实地考察原则

图 5-6　采购的三大原则

"按就近采购的原则，显然应该选择甲供应商。甲的工厂在青岛，如果有什么事情需要当面沟通，从 RS 市开车一个多小时就到了；乙供应商的报价虽然是最低的，如果把运杂费也考虑进去，采购的总成本有可能比甲供应商还要高。"

听了高展的讲解，大家频频点头。

选择供应商到底应该由谁说了算

米航提出一个问题："高老师，我对您举的这个例子有点疑问，您能具体解释给四个供应商评分的那几个指标的权重是怎么确定的吗？为什么质量是 40 分而不是 30 分？价格是 35 分而不是 20 分？这些指标的分值应该由哪个部门说了算？"

"这个问题提得非常好！在一个企业里，由于每个部门承担的职责不同，对供应商的要求也各不相同。比如，采购部为了完成降低成本的目标，只要质量达标，一般会选择报价最低的供应商；研发部为了提高自己设计产品的档次，喜欢选大品牌的供应商，而不太考虑原材料的可得性和采购成本；而财务部为了保证企业的资金周转，总想拖欠货款，通常更喜欢那些付款期限比较长的供应商。而在现实生活中，能够同时满足这些要求的供应商几乎是不存在的，这也是企业管不好供应商的原因之一。"

"没错，我们集团就是这样。"米航深有感触地点了点头。

"在这些问题的背后，实际上是企业的各个部门在争夺供应商选择的决定权。如果大家都只站在自己部门的角度，这个问题将永远无解。但是，如果站在供应链管理的高度来看，答案就会变得非常清晰：核心客户如何选择我们，我们就如何选择供应商；核心客户如何评价我们，我们就如何评价供应商。如果客户给我们打分的权重分别为质量 50 分、价格 30 分、准时交货率 20 分，我们在选择供应商时，也按质量 50 分、价格 30 分、准时交货率 20 分的权重分配分值，这样选出的供应商才能对我们的供应链起到助力作用，我们的供应链也才能让客户满意。所以，一定要站在供应链的高度，以客户管理我们的方式对供应商进行管理。"

"谢谢高老师，这是长期困扰我们的问题，让您这么一说，好像轻而易举地就解决了。"米航伸出了大拇指。

"谢谢米总！"高展向米航拱了拱手："其实，许多采购问题的产生，以及让大家感到纠结的根本原因是，我们站的高度不够，没有养成系统思考的习惯，如果能站在供应链的高度，以一种全局观和系统观来规划我们的采购系统，很多问题就迎刃而解了。"

"多、快、好、省"是一个无法达成的目标吗

"高老师，请您帮我们看看这个问题怎么解决？集团对我们采购中心的要求是，既要求供应商必须保证原材料的质量，同时价格还要尽量优惠；既要确保原材料准时交货，还要完成库存周转率。质量和成本、准时交货率和库存周转率这几个指标本来就是相互冲突的，很难同时兼顾啊！"米航终于找到机会一吐为快。

"米总提的问题和项目管理的四个指标有点相似。大家知道，项目管理通常包含四个指标：多、快、好、省。'多'是指一个项目的范围；'快'指项目的进度；'好'代表项目完成的质量；'省'反映项目消耗了多少资源和成本。显然，这四个指标是一种反比例关系，它们是相互制约的。一个项目，如果包含的任务太多，进度就不可能快，进度快了质量就不可能好，质量好了就很难省钱，要想省钱就不能安排太多的任务。那么，多、快、好、省是不是一个不可能实现的目标呢？

从绝对意义上讲，多、快、好、省是可以做到的，但同时实现这四个指标的关键因素不是管理，而是技术革命。比如：我们现在重修万里长城和秦始皇时代相比，是不是可以做到既多又快、既好又省？

从相对意义上讲，多、快、好、省是属于集成管理。集成管理的过程，如同解多元方程，不是求某个单项指标的最优解，而是范围、进度、成本和质量这四个指标的最优组合，追求的是综合满意值。进度管理不是越快越好，而是准时和及时；成本管理也不是越低越好，而是经济和节约；质量管理不是越高越好，要做到适用和稳定；范围管理并非越多越好，应追求适量和力所能及。"

让客户满意与让自己赚钱

"高老师，这些事说起来容易，要做到可太难了。"米航依然愁眉不展。

"确实如此！这些指标既是对立的，又是统一的，需要我们在供应链管理过程中不断优化，找到它们之间的平衡点。供应链管理主要包括两方面：一是让客户满意，二是让自己赚钱。让客户满意，就要做到质量好和准时交付；让自己赚钱，就要想办法把成本和库存降下来。

如何平衡质量和成本呢？从某种意义上说，高质量就是低成本，因为成本里包含着质量成本。有些供应商的原料质量不好但价格很便宜，把这种低质低价的原料买进来，会造成质检和鉴定成本上升，增加返工返修、停产和客户索赔方面的损失，导致成本大幅度上升，最后价格最低的供应商反而总成本最高。如果我们选择质量高的供应商，进货免检，返工返修的概率大大降低，减少了客户索赔，有可能总成本反而是最低的。所以，站在供应链的高度来看，高质量等于低成本。质量高的供应商虽然材料价格高，但总成本更低。

"我们再来看一看准时交货率和库存周转率之间的关系，我认为，只有维持较低的库存才能实现快速交付。"

"这怎么可能呢？高老师，为了保证向客户准时交货，我们一般都要储备一些安全库存以防万一。"袁华问道。

高展不慌不忙地解释道："这个可以理解。但大家别忘了，一个企业的资源是有限的，库存过多往往会造成各种原辅料和零配件的齐套率低，该来的来不了，不该来的一大堆。所以说，库存越低，齐套越容易，交付越快；库存越多，齐套越难，被存货占压的资金越来越多，企业死得越快。只要仔细观察我们周围的企业，你会发现，存货越多的企业，按时交货的问题越突出，而那些低库存甚至零库存的企业，像 Zara、丰田和苹果等，它们的准时交货率反而遥遥领先于竞争对手。"

精益型供应链与敏捷型供应链

"高老师,您讲得很有道理。"樊星频频点头:"但我们的客户太杂,对价格、质量、交货期和售后服务等指标的要求存在较大的差异,要做到让他们都满意太难了。"

"还是要回到供应链管理的高度来看问题。首先要搞清楚 LX 集团的供应链类型:我们的供应链是偏向'省'还是偏向'快'?如果偏向'省',就属于'精益型供应链';如果偏向'快'那就是敏捷型供应链。

精益型供应链比较适合那些大众化的产品,比如丰田,客户更看重产品的性价比,订单需求相对稳定,销售预测有一定的准确度。精益型供应链主要强调成本优势,要求企业持续不断地降低成本,对供应商的管理以成本为主,每年向供应商提出一个具体的降本目标。"

"在我们集团,老产品基本属于精益型供应链。"樊星反馈道。

"敏捷型供应链更适合创新型或客户定制化要求比较高的产品,比如特斯拉汽车,它的商业模式是通过销售、服务、制造和研发的垂直整合,建立一个客户反馈的闭环。与丰田这种传统汽车厂的商业模式不同,这类产品的市场需求通常波动比较大,销量难以预测,供应链管理需要以柔性快速来应对市场变化,对供应商的管理以快速响应为主,选择供应商则是以快速和柔性作为关键指标。"

"我们集团这几年新接的订单大部分属于这种情况。"樊星继续反馈。

"那对我们集团来说,这意味着对老产品的供应链管理要以低成本为主,追求'省';对新产品则要以差异化为主,强调'快'。"高展做出小结。

"而我们的现状是既不'省'也不'快'。"米航的话引来一片笑声。

"所以,对我们来说,建设供应链管理体系就成了一件既紧急又重要的事情。"高展回应道。

库存是供应链管理的焦点

10 分钟茶歇后,培训进入收官阶段。

"前端防杂和后端减重我们已经讨论得差不多了，最后再谈谈中端治乱。中端治乱主要是指库存控制与供应链计划。首先问大家一个问题，一个企业的钱除了给员工发工资之外，都花在了哪里？"

"购买机器设备。"

"采购原材料和零配件。"

"支付水电费。"

"广告宣传。"

……

"谢谢大家的反馈。我们是不是可以这样概括：公司的钱除了支付日常经营的各种费用之外，主要花在了购买固定资产和各种库存上，固定资产和库存是企业资产的两个重要组成部分，也就是我们上午讲的总资产收益率的分母。固定资产越多，库存越高，总资产收益率就越低。所以，重资产、高库存是总资产收益率的杀手，也是企业成本的大头。如果说前端防杂是为了控制产品的复杂度，通过设计的标准化获得规模效益；后端减重是为了减少固定资产投入，变重资产为轻资产模式；而中端治乱，则是为了降低和控制库存。三管齐下，才能把成本降下来，周转率做上去。

其实，企业运营的各种问题，几乎都会在库存中反映出来，可以说，库存是供应链上各种问题的焦点。如果对产品复杂度的管理不到位，会造成规模效益下降，存货周转率变慢。产品复杂度增加，会让生产周期变长，在产品库存大幅度上升。对产品设计变更管理不到位，会带来呆滞存货的增加。对质量管理不到位，产品不良率上升，会造成劣质存货的增加。质量问题带来的另一个副作用是，客户会以此为借口不按合同约定付款，将应收款的收账期拉长，影响企业的现金流。原材料和产成品的运输速度慢，会导致在途库存增加；销售预测不准、计划不到位，要么会造成断货，要么会造成产成品过剩。供应商的准时交货率低，库存的齐套率低，呆滞库存就会上升；供应的不确定性增加，还将拉长采购的前置期，也会导致安全库存上升。"

三种库存产生的根源

"高老师，您能具体解释呆滞库存和安全库存的区别吗？"袁华提问。

"好的，我们先来分析库存产生的原因。从库存的功能来看，大致可分为三类：第一类是周转库存，这类库存是维持企业正常经营所必需的，从供应商到生产线，再到销售渠道，企业必须维持一定数量的库存来保证正常周转。如果产品的生产周期是一个月，那么，生产线上至少应保持四周的在产品库存；如果运输需要半个月的时间，就会有两周的在途库存。周转库存的数量取决于周转天数，只有缩短周转天数，才能从根本上降低周转库存。

第二类是安全库存，安全库存主要是用来应对不确定因素的。比如，客户需求的波动、补货延误、因质量问题而发生的货物退换等，安全库存的数量主要取决于这些不确定因素的数量。企业运营中的不确定因素越多，就越需要建立更多数量的安全库存作为缓冲。因此，只有控制不确定因素，才能从根本上减少安全库存。比如，可以通过产品设计的标准化降低需求和供应的不确定性，通过提高供应商的准时交货率降低供给侧的不确定性，通过缩短周转天数降低运营的不确定性，这些措施客观上都有助于降低安全库存。

第三类是呆滞库存，这类库存既不是支持企业正常运转的，也不是用来应对不确定因素的，呆滞库存完全是由人为的因素造成的。比如，客户订单取消、产品设计变更、销售预测不准、企业为了获取更优惠的原材料价格加大采购批量等。控制呆滞库存必须从改变组织行为入手，比如，加强供应链上下游的信息和计划共享，对销售预测和补货计划的调整及时协调和沟通，等等，这些都是减少呆滞库存的有效措施。

这三类库存可能你都不喜欢，但前两类库存的存在还是有正当理由的，周转库存是维持企业正常运转所必需的，安全库存是应对经营不确定性的缓冲器。而呆滞库存则完全是多余的，属于超出正常业务需要的库存，它们产生的原因完全是人为因素造成的，所以中端治乱要从降低呆滞库存入手。首先必须改变组织的行为，比如通过强化计划职能提高销售预测的准确度；更好地管理客户需求，提高经营决策的质量和及时性。"

加强需求预测，降低呆滞库存

"呆滞库存也是我们集团的老大难问题，我们也一直在想方设法降低销售预测的不确定性，但计划总是赶不上变化啊！"樊星无奈地摇了摇头。

"理解，樊总。但是，我们总不能因为计划赶不上变化，就以不变应万变，或者干脆不做计划了吧。就好比大家都知道，人总有一死，每个人最终都是要去见上帝的，但我们是不是就该因此而放弃努力，选择躺平呢？"高展的回应引来一阵笑声。

"记得我在讲'为什么预算'时曾经强调，没有任何一个企业能够拥有完美的先见之明。即使预算管理做得十分到位的企业，他们对客户需求的预测能达到70%的准确度就已经相当不容易了。预算管理的核心，并不是要求我们做出完美的预测，而是要求我们具备平衡计划与变化落差的应变能力。"

"那么，怎样才能具备这种应变能力呢？"樊星反问道。

"对大多数企业来说，不管需求变化有多大，总是以重复业务为主，因此，需求预测首先要看历史数据。历史数据中往往蕴藏着许多具有参考价值的信息，比如有哪些核心客户、分布在哪些地区、这些客户需求的季节性和周期性趋势等，可以将这些信息作为需求计划的起点，根据历史数据，运用一定的数理统计方法，在一定程度上对未来的客户需求作出初步的判断。（基于历史数据的需求预测如图 5-7 所示）

当然，需求计划是面向未来的预测，未来不是历史的简单重复。对未来的预测一般包括已知信息和未知信息两部分：已知信息储存在企业的数据库里，未知信息作为对未来的基本判断，储存在一些人的大脑里。具体来说，就是在销售员和客户的大脑里。比如，根据以往的经验，当客户导入新产品，他们对老产品的需求量通常会下降30%；搞产品促销时，需要给历史需求量打个八折。销售员越靠近前端的客户，掌握的这种信息就越多，在填写需求预测表时，销售员必须根据这些信息将自己对未来的判断列示出来，比如'第5周客户增加产能，导入新产品''第四季度节假日多，总需求应低于第三季度'，这些信息可以用来修正基于历史数据的预测。"（基于历史数据和销售员判断的需求预测如图5-8所示）

周数	基于历史数据的预测
1	21
2	14
3	17
4	29
5	32
6	16
7	15
8	19
9	12
10	25
11	21
12	19
13	28

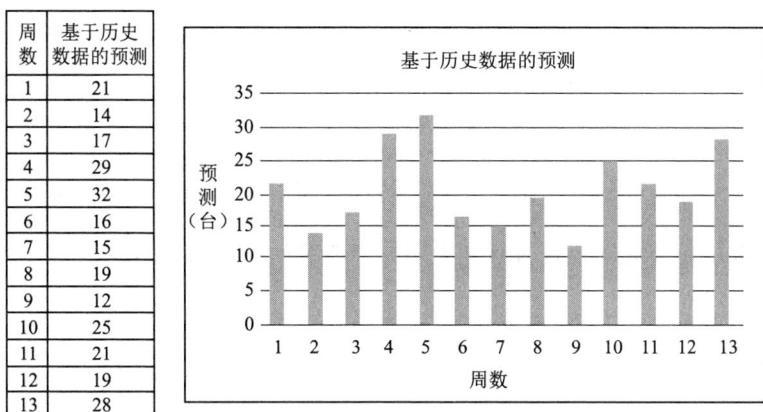

图 5-7　基于历史数据的需求预测

周数	基于历史数据的预测	客户提供的预测	销售员的预测	建议的预测
1	21	15	12	15
2	14	26	21	18
3	17	19	21	25
4	29	30	10	13
5	32	21	30	18
6	16	18	25	24
7	15	18	19	19
8	19	10	17	15
9	12	11	21	10
10	25	19	20	25
11	21	31	15	18
12	19	20	15	17
13	28	9	15	25

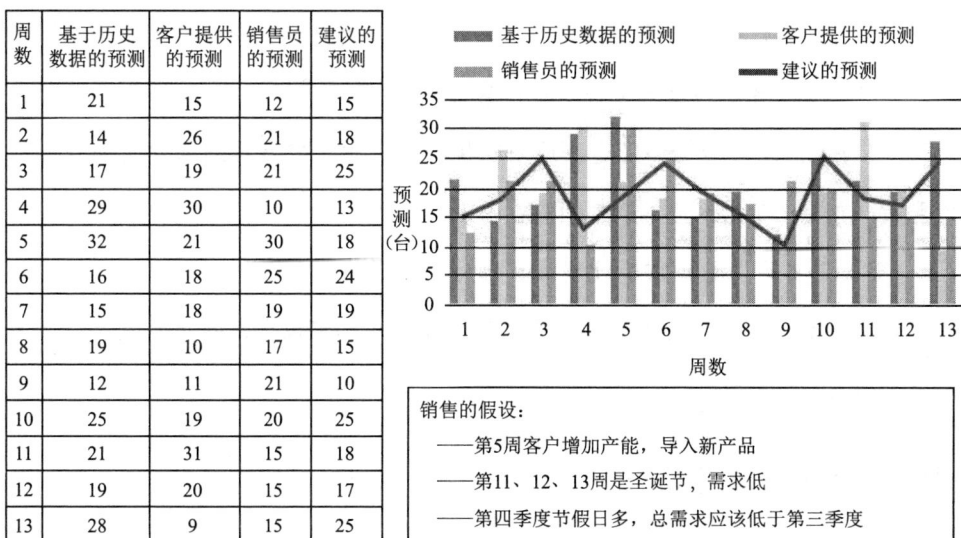

销售的假设：
——第5周客户增加产能，导入新产品
——第11、12、13周是圣诞节，需求低
——第四季度节假日多，总需求应该低于第三季度

图 5-8　基于历史数据和销售员判断的需求预测

需求计划多久更新一次

高展转向焦燕、袁华和鲍远：

"销售公司根据历史数据和销售员对未来的判断制定需求计划之后，下一步要与供应链管理中心、财务中心和生产厂进行协同，因为需求计划的落实需要供应链执行能力和财务资源的支持，比如需要建立多少库存，增加多少产能，雇用多少员工等。

请焦总、袁总和鲍总注意财务评估、供应链能力评估和产能评估也是需求计划的一部分。如果销售公司的需求计划超出公司的财务资源或者产能，你们就要同樊总协调对需求计划作出调整。一个好的需求计划必须考虑实现它所要消耗的人、财、物等各种成本，销售计划必须同供应链计划、生产计划和资金计划进行协同。

当销售公司、供应链管理中心、生产厂和财务中心达成一致后，需求计划就成为驱动供应链的原始推动力，它将被层层分解为产品主计划、物料需求计划和生产计划，接下来就到了生产和采购执行阶段，各经营实体和责任中心分别投入资源来执行这些计划。供应链按需求计划生产出来的产品，销售必须保证能够卖掉，所以，需求计划的最终责任人是销售公司。

"明白了，高老师。如果这些计划在执行过程中，突然接到客户通知，他们的需求出现变化了怎么办？"樊星再次提问。

"那就需要马上更新需求计划及其他相应的供应和财务计划，需求计划更新的频率取决于客户需求的波动性，看具体情况而定，可以每周一次，或2～3周一次，如果需求比较稳定，可以一个月更新一次。"

谁是需求计划最终责任人

"那么需求计划具体应该由谁来做呢？"袁华问道。

"在供应链管理做得比较好的企业，都会设置需求计划经理这样一个专职岗位，专门负责分析历史数据，协调销售、市场、生产、供应链、财务等多个经营实体，制订和更新需求计划。注意，这个岗位必须是全职！他对前端要协调整个销售团队，对后端要对接生产、供应链和财务等多个部门的高管，收集各经营实体和责任中心的意见，并整合到数据分析中，不设全职岗位，根本忙不过来。"

"我怎么觉得，现在这些工作大部分都是我在干呢？"昆鹏的一句话把大家逗笑了。

"是啊，这恰恰说明我们集团需求计划流程的不规范。销售和运营计划不得不让'一把手'拍板。但昆总的精力有限，不可能把大部分时间用在协调这么多的经营实体和责任中心上，而且这也不应该是'一把手'干的工作。"高展回应道。

"高老师，那您认为在我们集团，目前这项工作应该由谁来做？"昆鹏问道。

"现阶段需求计划职能肯定应该放在销售公司，因为销售员离客户的需求最近，掌握的第一手信息最多。华为的总裁任正非说过：'要让听得见炮火的人作出决策。'更何况咱们集团的需求计划流程还不完善，跨职能协作不够顺畅。我们去饭馆吃饭，顾客和厨师互相不了解，没有一个有效的沟通渠道。在这种情况下，必须由客户自己决定吃什么和吃多少，这就是所谓的需求计划；然后，厨师严格照单炒菜，执行供应计划。

等我们的需求计划流程运行得比较好，各经营实体和责任中心之间协作比较顺畅的时候，需求计划职能可以划归供应链管理中心，这样更有利于需求和供应计划的集成优化。就好像我们在家里吃饭，妈妈对大家的需求都很了解，你只要告诉她饿不饿，想吃什么，她就能够判断你能吃多少并且很快地做出来。需求计划和供应计划都由妈妈一个人来做，就不会有太多扯皮的事情。"

同一套数字是计划的终极目标

"高老师，您这个比喻太贴切了，但实施起来难度不小啊。"袁华感叹道。

"我们可以先从比较容易的部分开始。"高展鼓励道："比如，首先完善需求计划流程，这个流程分三个步骤：第一步是朝后看，需求计划经理根据历史数据，用统计模型作出初步的需求预测；第二步是朝前看，销售、市场、产品、职能部门高管提出反馈，对需求计划作出调整；第三步是跨职能部门达成共识，销售、供应链、生产、财务等各责任中心形成同一套数字，用它驱动营销和整个供应链。

需求计划确定后，我们就可以根据现有库存量来判断需要生产多少，采购多少。注意，库存是需求与供应之间的黏合剂，需求计划决定了库存计划，库存计划决定了生产计划，而生产计划又决定了采购计划，这四个计划环环相扣，构成了供应链的计划系统，驱动整条供应链的运作。任何企业的正常运作都离不开这四个计划，在计划水平高的企业，这些计划都有相应的流程和系统来支持，跨职能部门协作顺畅；而在计划水平比较低的企业，从销售到计划再到生产，最后到采购，由于信息不对称，每个经营实体和责任中心都有自己的预测，各自为政，没有达成同一套数字，导致四个计划不能协调一致，造成的后果不是库存短缺，就是库存过剩。

回到呆滞库存的治理问题，这个问题和企业的其他大多数问题一样，貌似没做到，其实是没想到。问题的症结主要源于计划职能的先天不足。呆滞库存看上去是因为执行不力造成的，其实更多是因为计划不到位所致。计划也是我们许多企业的短板，我们常说的管理粗放，本质上是计划薄弱。虽然大家都知道需求计划是所有计划中的核心，但是它并没有受到足够的重视，配置足够的资源。相反，在很多企业，更多的资源被投入到生产和采购计划的执行上，大家加班加点赶工或者向供应商催货。"

"对，我们集团就是这样。"昆鹏深有感触。

"我在这里所强调的中端治乱，就是要从改善计划职能入手。计划是连接前端需求和后端供应的桥梁，它驱动需求和供应之间的信息流、物流和资金流。需求计划代表营销，供应计划代表供应链，供应链管理的目的是将两个计划集成起来，在实现订单完美交付的同时兼顾合理成本，同时控制好库存，把周转速度做上去，把成本降下来，让客户满意，让自己赚钱。只有这样，企业才能持续发展。"

在热烈的掌声中，为期一天的供应链管理培训落下帷幕。

第六章

预算的分解——从KPI到OKR

项目复盘被迫中断

12月下旬的 RS 市，呼啸的北风冲淡了辞旧迎新的气氛。在 LX 集团，全面预算管理项目进入了尾声。经过联合工作小组与各经营实体、责任中心负责人及业务骨干们一轮又一轮的磋商和讨论，大家终于就明年的关键绩效指标和预算金额基本达成了一致。项目组反复测算后，将 LX 集团明年的净利润总额确定在 4 500 万元。在高展的说服下，昆鹏最终接受了这一数字。在集团经营计划与财务预算修订完成后，各经营实体和责任中心的负责人开始将自己的绩效指标向下层层分解，每个层级的主管分别与自己的下属员工进行绩效目标沟通，并签订绩效指标承诺书。

在一个云幕低垂的下午，在五楼小会议室里，TY 财税的顾问团队正在对 LX 集团的全面预算管理项目进行复盘。高展、钱锋和万慧已经预订了明天上午启程回北京的高铁票，乔智则决定留在 RS 市等自己的女朋友过来一起欢度新年假期。今晚，昆鹏特意在齐鲁大酒店为项目组安排了答谢晚宴。两个多月不分昼夜地攻坚战终于要落下帷幕了，每一张疲惫的脸上洋溢着欢快的神情。忽然，郁梅和闫飞来到了小会议室，四个人刚刚松弛的神经一下子又紧绷起来。

"各位老师，真的很抱歉。"郁梅面带歉意。

"没关系，郁总，又遇到什么麻烦了吗？"高展问道。

"这次不是请老师们去'救火'，而是我们两人有些问题需要请教。"郁梅说道。

四个人稍微松了一口气，乔智给郁梅和闫飞分别倒了两杯热茶。

"不用客气，慢慢讲。"

研发预算怎么编

闫飞喝了一口茶："我先说吧，我们研发中心的预算基本上都是花钱，许多产品的研发属于长期投资，有的项目需要两三年才能出成果，甚至也有可能失败。今年财务中心要求我们对明年每个项目都写一份成本估算。这项工作我们研发中心以前从来没做过，不知道该如何下手啊。"

万慧做出回应："闫总，您说的情况我理解，研发中心的大部分工作属于项目制作业，应该按作业成本法将你们部门的费用分摊到每个项目中去，但是以前财务中心没有按项目来归集和核算成本，所以我们在编制明年的研发费用预算时，只好按照这三年来每年研发支出占销售收入的百分比预估了 5 000 万元的金额，你们可以根据自己的经验把这 5 000 万元按项目大致分解，不需要太精确。"

闫飞摊开双手："可是，万老师，没有历史数据可参考，我们也只能瞎猜了。还有，财务中心要求我们研发中心从明年起每个人都要填报工时单，列出每个人在每个项目上用了多少时间。大家都觉得太麻烦了，很多人向我抱怨说，研发是需要灵感的，作为工程师应该把时间与精力用在产品设计和创新上，填报工时单不仅增加了工作负担，也约束了创造力，这些反对意见让我难以反驳，这项工作我实在是推不下去啊。"

万慧解释道："焦总要求你们填写工时单，是为了更准确地分摊和计算每一个研发项目所发生的成本。如果你们不配合，财务中心就没有办法进行项目成本核算，等到明年编制后年预算的时候，还是没有历史数据参考，怎么办？"

看到闫飞哑口无言，万慧继续引导："闫总，在研发项目的费用开支中，人力成本是大头，其他资源的消耗通常占比不高。由于每种产品的开发周期不同，不同的项目需要投入的人力、物力和时间成本也有很大的差异，如果不把这些数据统计出来，财务中心就无法把所有研发人员的薪酬等各种人力成本分摊到每个项目中去，集团也无法对你们研发中心的绩效和贡献作出准确的衡量和评价。"

钱锋打开电脑，翻到了一张表格如图6-1所示："闫总，我觉得，如果研发中心也像销售公司和生产厂那样作为LX集团一个独立的经营实体，这个问题就很容易解决了。"

"为什么？"闫飞不解地问道。

"其实，你们研发中心的运作模式和我们TY财税这类咨询公司非常接近，我们是为客户提供咨询服务，你们是为集团的内部客户提供产品设计服务，提供服务肯定是要收费的，而工时单就是我们向客户收费的依据。你来看，这就是我上周为你们集团提供服务的工时单。我们项目组的每个人都要填写，这些工时单也是我们TY财税向LX集团收费的依据。如果LX集团把研发中心当作一个利润中心来考核，要求你们也像我们咨询公司那样向内部客户收费，估计要求大家填报工时单就不会有什么怨言了吧。"

工时填报

工时单号：		工时单状态：	
人员：		所属部门：	
工时期间：	2×22年12月19–25日	填报工时（小时）：	
开始时间：	2×22/10/19	结束时间：	2×22/12/28
填报人：	钱锋	填报时间：	2×22/12/27

工时表：

序号	日期	工休情况	项目名称	任务名称	请假时长	计划工时	正常工时	加班工时	工时性质	工作内容
1	2×22/12/19	工作日	LX集团	项目现场		8	8	5	外地项目	绩效沟通
2	2×22/12/20	工作日	LX集团	项目现场		8	8	4	外地项目	绩效沟通
3	2×22/12/21	工作日	LX集团	项目现场		8	8	5	外地项目	绩效沟通
4	2×22/12/22	工作日	LX集团	项目现场		8	8	3	外地项目	绩效沟通
5	2×22/12/23	工作日	LX集团	项目现场		8	8	4	外地项目	绩效沟通
6	2×22/12/24	周末	LX集团	复核		8	8	2	外地项目	预算调整
7	2×22/12/25	周日	LX集团	复核		8	8	1	外地项目	预算调整

填报工时的基本要求

1. 项目工时不足8小时的，其余工时作为行政工时。

2. 填报工时应及时，每周结束后一周内必须填报并提交，特殊情况不得超过两周。每月最后一周（指有全部当月工时的那一周，不是指有跨月工时的那一周）的工时，项目组成员务必于次月2号下午2点前提交。月末跨月工时，可与次月工时一起提交。

3. 项目负责人应及时立项和审批工时，不得拖延，以免影响项目组成员填报、提交工时。

图6-1　工时单样表

"好像有点道理。"闫飞若有所思。

高展接过话题："关于研发预算，我和昆总讨论过，对于LX集团这种依靠科技创新能力驱动业务增长的企业来说，对研发的投入无论怎么强调都不为过。昆总也一直十分重视产品研发和技术创新，同业内大部分民营企业相比，LX集团在研发项目上的投入也算不低了。但这么多钱花出去，每个项目的投入产出比分别是多少？是否都达到了预期的结果？对这些问题，财务中心目前没有办法依据现有数据得出结论，这既是财务管理的缺位，也是研发项目管理的一个短板。

显然，和供应链管理一样，建立完善的研发项目成本核算系统现在也变成一件既重要又紧急的事情，而工时单是项目成本核算的重要依据，所以，这件事势在必行。对研发中心的技术大咖们来说，一开始有人不习惯、嫌麻烦也是正常现象，但这件事必须要坚持做下去。你把这项工作的重要性向大家讲清楚，相信过一段时间之后，大家慢慢就会习惯了。"

"好的，高老师，我知道怎么去和我的团队沟通了。"闫飞做了一个OK的手势。

苦劳和疲劳不能产生绩效

闫飞的话音刚落，郁梅又开始诉苦："几位老师，我的问题是关于绩效考核的。今年马上要结束了，过了新年，整个集团就要开始对全体员工进行绩效评价。每年的1月份，也是我们人力资源中心最难受的日子。在绩效评价中，经常出现一些争议和纠纷，有些员工认为主管对自己的评价不够客观，给打的分数太低，难以接受，就会向我们投诉。而我们人力资源中心并不了解具体情况，很难作出相对公正的判断，只能尽量去调解。这项工作让我们特别为难，调解的结果不是员工不满意就是主管不高兴，搞得我们里外不是人。今年受公共健康安全事件影响，集团的大部分绩效指标都没完成，估计很多员工的评分都不会太高，而这个分数关系员工的年终奖和明年的加薪幅度，非常敏感。我想起来就头疼，感觉压力山大，最近常常失眠。"

钱锋安慰道："郁总，您说的这种情况，我在外企打工的时候也遇到过。不过，在外企每年到绩效评价和面谈时，最难受的倒不是人力资源部，而是各个部门的主管。作为团队领导，每位主管肯定希望给自己所有下属的评分都是A，但这是不可能的，而且老板也不会接受这样的评价结果。根据强制分配原则，一个部门通常应该有不到20%的人得分为A，70%左右的员工得分为B或C，最后10%左右的员工得分为D。在绩效评价和面谈过程中，如果出现您所说的那种纠纷，比如，今年高老师给我的评分是C，但我自己认为我应该得B，外企的解决方案通常是先让我们两个人充分沟通，尽可能能达成一致，或者我说服高老师把我的评分从C改成B，或者高老师说服我接受C的评分。"

"如果你们达不成一致怎么办？"闫飞好奇地问道。

"那就把这个争议提交给高老师的老板，由更高一级的领导来判定我到底应该得B还是得C。"

"那如果高老师的上级领导对您不了解怎么办？"

"您问到关键点上了，这也是传统的绩效考核最脑残的地方。高老师的老板不可能比高老师更了解我的绩效表现，他甚至可能跟我都没见过面，让他来评判我应该得B还是得C，这显然是不合适的。所以，遇到这种情况，高老师的老板通常会把球再踢回来，还是让高老师来做最后的决定。"钱锋无奈地摇了摇头。

"我看这倒不失为一个解决方案。"郁梅回应道："其实，我们人力资源中心就和高老师的老板一样，不可能比高老师更了解员工的工作表现，让我们来调解双方的纠纷只能在两边和稀泥。"

"郁总，你们有没有分析过导致这些纠纷的原因是什么？"高展问道。

"有的员工抱怨，绩效指标没有完成是因为年初目标定得太高，脱离实际。还有人说，虽然绩效指标没有全部完成，但是我辛辛苦苦干了一年，没有功劳也有苦劳，没有苦劳也还有疲劳吧？"

"我认为这些理由都是站不住脚的。主管在和员工确定了工作目标之后，双方为什么要签一份绩效承诺书呢？承诺书，顾名思义，就是员工对自己老板的承诺。企业的年度计划和预算是管理团队对股东的承诺，也是董事会对管理团队和全体员工进行奖惩的依据。不管出于什么原因，你没有完成绩效承诺就要承担相应的责任。苦劳和疲劳是不能产生绩效的，只有功劳才能产生绩效。"钱锋回应道。

岗位说明书与绩效承诺书

郁梅点了点头，又提出一个问题：

"还有员工向我们人力资源中心提出过质疑，让我不知道怎么回答才好。他说公司当初招聘我的依据是岗位说明书，岗位说明书里对我这个岗位要完成哪些工作目标都有详细的描述。那么，只要我完成了岗位说明书里规定的全部工作目标，就足以证明我是一名称职的员工了吧？公司是不是就应该给我发工资了？你们为什么每年还要和我再额外签订一份绩效承诺书？每年结束后还要根据我的绩效完成情况对我进行奖惩？最令人不可思议的是，这份承诺书里有些绩效指标和我的岗位说明书里的一些工作目标基本上是重合的，这不是重复劳动吗？"

"这种说法是不对的。岗位说明书里确实包含了许多工作目标，但是，按照"二八原则"，在这些目标中只有20%是最重要的，这20%的工作对完成你们部门甚至整个公司的绩效目标起着80%的作用。绩效考核的目的就是要把岗位说明书里这20%的工作目标提炼出来，再结合公司当年的战略导向，为员工制定一整套绩效目标，纳入当年的绩效考核系统，将这些目标的完成情况与员工的奖金和收入挂钩，这是为了驱动员工集中精力，优先聚焦完成这20%的目标。所以，绩效承诺书和岗位说明书并不是重复劳动。"高展回答道。

"谢谢高老师，这个问题一直困扰着我，今天总算找到了答案。"郁梅的脸上露出了笑容。

遇到太难缠的员工怎么办

万慧补充道："我和焦总在梳理去年编制的经营计划和财务预算时发现，在LX集团的绩效指标中，定性指标的占比偏高，而定量指标定得又比较粗放，这可能也是导致绩效考核出现争议的一个原因吧？因为定性指标不好量化，也不符合 SMART 原则，容易产生歧义。如果员工和主管对目标的理解有偏差，就会出现争议和纠纷。不仅你们人力资源中心难以调解，即使提交到昆总那里，我觉得他也很难作出评判。所以，我们今年在设计明年的绩效指标时特别注意，我们去掉了一些定性指标，增加了更多的定量指标，估计到明年绩效考评时情况会好一些。"

"可是今年这一关怎么过呢？"郁梅依然忧心忡忡。

"这可能就需要一些软技能了，我这里有一些关于绩效沟通方面的课件，你拷贝吧。等过了新年，在对今年的绩效评价工作开始之前，建议你先给集团所有的管理人员举办一次培训，让大家按课件里的步骤和注意事项进行准备和操作，效果应该会好一些。"万慧拿出一个 U 盘将电脑里的课件复制一份递给了郁梅。

"太感谢了，万老师。"郁梅双手合十。

"可是万老师，如果遇到特别难缠的员工，又该怎么办呢？"闫飞问道。

"我的课件里包含了这方面的内容，主要注意五点：第一，面谈之前做好功课，多用些时间准备；第二，通过和其他员工沟通，看看别人对这位员工的反馈和评价是否和你相似；第三，先看看以前同这位员工的沟通记录；第四，准备好你平时收集的行为记录和数据作为证据；第五，面谈时一定要保持冷静，不要和员工争论。

总之，要把考核结果明确地告诉员工，不要过分委婉，你必须对你所表达的内容负责。要让员工知晓，他可以不同意考评结果，但结果无法改变。你们面谈的重点应该放在明年如何做得更好，以及你能给他提供哪些支持和帮助上。其他的一些沟通技巧，相信闫总和郁总都接受过这方面的培训，这里就不展开讲了。"

"谢谢万老师！"

为什么强制分配法不靠谱

闫飞继续问道："我还有个问题想问钱老师，刚才您提到外企对员工绩效表现评分有一个强制分配比例，A 类员工通常占 10% ~ 20%，B 类和 C 类员工占 70%，D 类员工 10%，我们集团基本上也是按这个比例给员工打分的。您认为，这种强制分配的方法合理吗？"

"这种方法比较适合传统的制造业企业，对于那些从事产品设计和软件开发的创意类业务的公司来说可能不太适合。"钱锋答道。

"为什么？"

乔智接过了话题："闫总，你听说过高斯的钟形曲线吧？"

"是正态分布曲线吗？听说过，可它跟绩效评价的强制分配有什么关系呢？"

"强制分配法是以正态分布规律作为基本假设和依据的。目前大部分传统企业普遍按这种方法进行员工绩效评价，可他们忽略了一个基本事实：一个样本的绩效要符合正态分布，必须同时满足两个条件：一是随机抽样；二是样本的数量足够大，这两个条件缺一不可。但是，你想想看，大多数企业的员工群体符合这两个条件吗？就以 LX 集团为例，你们的员工是随机进入 LX 集团的吗？在集团内部进行绩效排名是随机抽取的吗？进行强制正态分布的员工群体数量足够大吗？"

乔智的提问引起了闫飞极大的兴趣："乔老师，我也一直觉得这种强制分配的方法不太对劲，尤其不适合我们研发中心，但我从来没有从这方面思考过这个问题，您能不能详细解释解释？"

乔智在白板上画出了三个图形，如图 6-2 所示："假如现在有三种企业——优秀企业、实力一般的企业和困难的企业。社会上符合这三种企业需求的所有人才构成的群体绩效表现呈正态分布规律。那么，优秀企业在招聘员工时，由于它实力雄厚，能够提供优厚的薪资待遇，再加上品牌知名度，很容易吸引高端人才加入，同时将社会上那些低绩效的群体过滤掉。因此，实际进入优秀企业的人才就会是正态分布曲线的右半部分。"

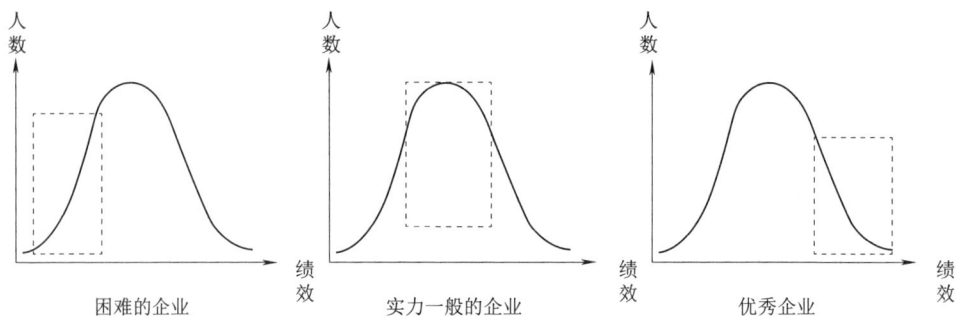

图 6-2　三种企业人才分布

"有道理。"闫飞点了点头。

"而实力一般的企业在招聘员工时，既没有足够的激励资源，也没什么知名度，通常无法吸引业内最优秀的人才，只能退而求其次，获取一些中端人才，也就是正态分布曲线的中间部分。"

"我们 LX 集团就是这种情况。"郁梅反馈道。

"再来看看困难的企业，业务处于起步阶段。对于高端人才基本上没有吸引力，中端人才对这类企业也兴趣不大，只能吸引低端人才加入，也就是正态分布曲线的左半部分，这样的企业几乎所有人的绩效水平都低于行业的平均水平。"

"乔老师，按照你的分类，我觉得我们集团的销售公司和生产厂属于一般企业，但我们每年给研发中心招聘的可都是高端人才啊，昆总在这方面还是很舍得花钱的。如果研发中心也像销售公司和生产厂那样独立核算，他们应该算是优秀企业了吧？"郁梅问道。

"不敢当。"闫飞面露羞色。

"没错，这也是闫总感觉强制分配法不适合研发中心的原因。"乔智继续演绎他的推理："注意，这三种分布只有在企业招聘有效的情况下才会出现，也就是说，人力资源部门能够匹配企业发展的需要，在生命周期的不同阶段从社会上招聘到合适的人才。如果一个企业的员工招聘处于无序状态，对人才没有严格的把关，它的招聘过程就类似于一种随机筛选过程，那么，这个企业的员工就满足了随机抽样和样本量足够大这两个正态分布的条件，它的人才分布也就符合正态分布规律。所以，一个企业如果是按正态分布曲线进行员工绩效评价，说明它的员工招聘过程就是无序的和随机的。"

"可是，乔老师，我们人力资源中心招聘员工都是按制度和流程进行的，不应该算是无序吧？"郁梅反驳道。

"当然不算，郁总。我相信，你们的招聘程序肯定是按优秀企业的做法来操作的，但为什么你们的绩效考评却要使用基于正态分布的强制分配法呢？"乔智反问道。

"这不是绝大多数企业都在用吗？而且目前也没有更好的方法呀？"郁梅回应道。

OKR 的三层结构与登顶珠峰

乔智打开了一张 PPT，如图 6-3 所示。

"我以前在那家互联网大厂工作时，接触过一种叫作 OKR 的绩效管理方法，我觉得比你们现在使用的方法更好，至少更适合闫总的研发中心。OKR 是英文 Objectives &Key Results 的缩写，O 是每个员工或团队要实现的目标，是一个用文字描述的定性目标；KR 是实现这一目标需要达成哪些关键结果，是定量指标。我理解，O 是一种追求和方向，KR 是通向这个方向的里程碑。O 和 KR 共同构成了 OKR 的两层结构，KR 必须支持 O 的达成。有的公司会根据自己的实际情况再把 KR 细分成若干任务，也就是 Action（行动），这样就变成了三层结构。"

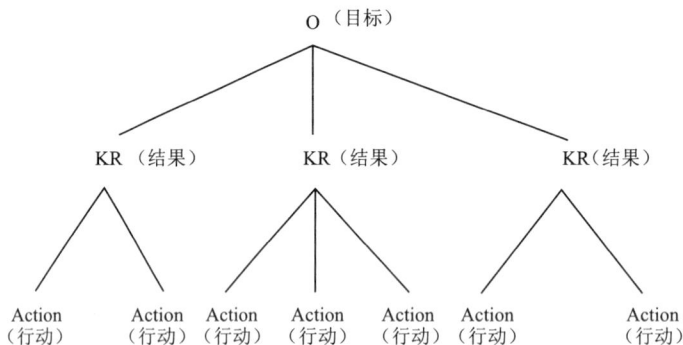

图 6-3 OKR 三层结构

"乔老师，OKR 听起来跟项目管理差不多吧？"闫飞显得兴趣盎然。

"不完全一样，让我用一张图来说明。假如你想攀登珠穆朗玛峰，需要跨越三个里程碑，也就是从 1 号营地到 3 号营地，分别对应四个 KR（结果）。第一个 KR（结果）是用三天的时间从大本营登上 1 号营地，要实现这个 KR（结果），你必须完成两个任务（Actions），首先拉练两个晚上做足准备，其次是用 10 个小时从大本营登上 1 号营地；第二个（结果）KR 是用三天的时间登上 2 号营地，对应的任务是在 1 号营地休息一个晚上并进行适应性训练；第三个 KR 是用三天的时间登上 3 号营地，对应的任务是在 2 号营地休整两个晚上，做好登顶准备；第四个 KR（结果）是在一天内登顶珠峰。"（登顶珠峰 OKR 示例如图 6-4 所示）

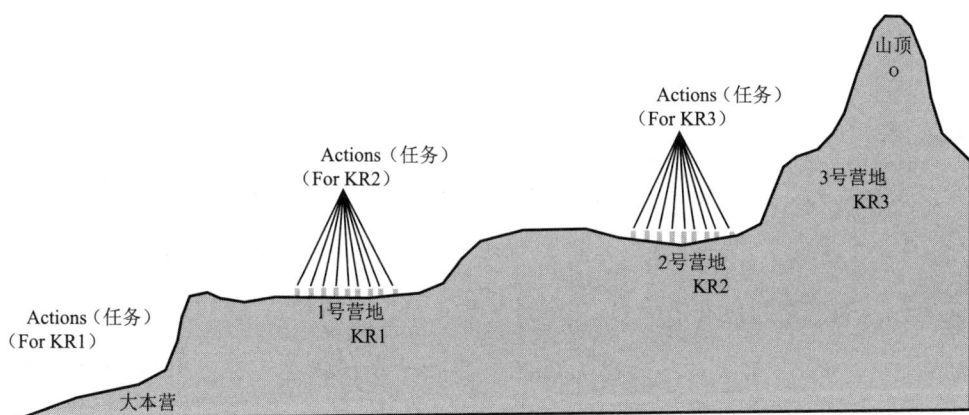

图 6-4　登顶珠峰 OKR 示例

"太有意思了，乔老师，听您这么一讲，好像攀登珠峰也没啥太难的。"闫飞打趣道。

"不是这样的，闫总。这几个 KR 看上去简单，要真正完成需要克服非常多的挑战，这也是 OKR 的精髓所在，它鼓励员工超越极限、挑战自我。我以前工作过的那家大厂，通常把实现可能性只有 50% 的目标作为最恰到好处的挑战水平。在设定目标时，员工按 0.6 ~ 0.7 的得分标准去要求自己，1 分并不代表你很完美，相反，它说明你给自己定的目标挑战性不够。"

OKR 的围观与协同效应

"乔老师，OKR 和我们现在的绩效管理方法都有哪些不同呢？"郁梅问道。

"具体来说，传统的绩效管理是自上而下层层分派指标，员工只见树木，不见森林，缺乏对工作价值的认知。比如，如果一个组织的一级目标是建一座伟大的教堂，二级目标可能就变成了建一间祈祷室，三级目标就变成了构建一个坚固的地基，而到了员工那里的目标就变成了在 10 天内挖一个长宽各 20 米，深度 10 米的大坑。你看，建教堂的意义和价值就在目标的一层层分解中逐渐流失，到了基层员工那里，变成了单纯搬砖，而且对员工的激励手段，基本上是胡萝卜加大棒，谁搬的砖最多谁就会受到奖励，完不成搬砖指标的就会受到惩罚。

而 OKR 采用自下而上的方式来实现组织目标。首先由团队主管总结团队过去的工作业绩和差距，给出建议；接下来开始团队目标'众筹'，每个团队成员结合团队目标、个人岗位职责和工作兴趣来思考，下一步团队需要达成哪些目标才能变得更好？每人贡献 1～2 条团队 OKR；第三步是由团队主管汇总大家的团队 OKR 建议，然后让每个人讲解他所提交的 OKR 的价值和意义，回答其他同事的问题，等到所有团队 OKR 都讲解完之后，所有团队成员投票选出最重要的 3~5 个 OKR，形成最终的团队 OKR；第四步是团队主管将团队 OKR 提交上级领导审批；第五步是团队根据上级主管的反馈意见对团队 OKR 进行增补，并再次召集讨论会，达成一致后确定最终团队 OKR，并正式向全员公示。"

"乔老师，我们研发中心有 20 个人，分成了几个小组，如果有 2 个人正在一起合作完成 A 项目，3 个人在一块做 B 项目，5 个人在共同做 C 项目，剩下 10 个人再联合开发新产品，在这种情况下每个小组的 OKR 如何'众筹'呢？"闫飞好奇地问道。

"和团队 OKR 众筹一样，以小组为单位，每个小组输出 3～5 个团队 OKR。然后团队主管再根据四个小组贡献的团队 OKR 进行投票表决，形成研发中心的 OKR。只要把参与人从员工替换成小组就可以了，其他流程不变，这种方式主要是为了增强大家对团队目标的共识，让团队目标真正变成大家的共同目标，而不是主管一个人的目标。"

"每个员工的 OKR 又是怎么操作的呢？"

"每个人在制定自己的 OKR 时，第一步，要考虑如何承载团队的 OKR，自己可以在哪些方面为团队目标做出贡献？结合自己的专长和兴趣，形成个人 OKR；第二步，将个人 OKR 录入公共的 OKR IT 平台，以便所有其他团队成员都能看到；第三步，邀请主管和其他团队成员对自己的 OKR 进行评论，看是否有遗漏和不当之处；最后一步，根据大家的评论和反馈更新个人 OKR。"

"个人 OKR 为什么一定要对外公示呢？"

"这也是 OKR 与传统 KPI 制订方法的区别，传统的方法是封闭的，信息沟通仅限于主管和下属之间，其他人是看不到的。而 OKR 的公示，可以制造一种围观效应，增强员工对目标的承诺感，就好像你在微信朋友圈晒每天跑步的信息，别人的评论和点赞对你坚持锻炼肯定会产生一种积极的作用。另外，在一个项目制作业的团队中，每个团队成员的 OKR 都是相互影响的，个人 OKR 并不是想干什么就干什么，必须以团队 OKR 作为输入。假如咱俩共同做一个项目，我把自己的 OKR 在平台上分布之后，你发现其中有一条 KR 定得低了，会影响你的 OKR 的达成，你就会向我提出建议。我收到你的建议后，就要更新自己的 OKR，这种公开透明的机制能够大大促进团队成员之间的相互理解和目标协同。"

OKR 激励员工向更高的目标冲刺

"乔老师，OKR 听起来挺好，但是到了绩效考核的时候怎么操作呢？您刚才说大部分目标实现的可能性只有50%，让员工按0.6～0.7的得分标准去要求自己，1分说明目标定得太保守了，这是否意味着员工的目标完成率能达到60%～70%就应该算优秀了？难道绩效考评得满分的员工拿的奖金比那些 0.6～0.7 分的员工还要低吗？"郁梅感到有些迷惑。

"郁总，OKR 是不和绩效评价捆绑的，OKR 的完成率不应作为员工考核的直接输入，这样只会束缚员工挑战自我的动机。比如，在销售公司，樊总问一个销售员，明年你能够完成多少销售额？销售员想了想，说我可以向1亿元挑战。樊总说，那好，我把这个目标写进你的绩效承诺书里。那位销售员肯定想，我这不是在给自己挖坑吗？于是他对樊总说，完成1亿元的风险太大，根本没把握，还是先承诺8 000万元吧。您看，绩效考核一下子压缩了员工2 000万元的挑战热情，员工出于个人利益和安全考虑就会变得更加保守。

OKR 的创新之处在于，通过将目标管理与绩效评价适度分离，让绩效管理变成绩效赋能。OKR 模式下的绩效评价分两步走：第一步，员工定期自评，一方面让自己看到差距；另一方面也把自己的工作进展告诉其他同事。注意，这个进展评估是员工自己做的，目的不是考核，而是为了让同一小组的其他同事掌握你的工作进展。

OKR 采用 0 ~ 1 分的评分制度。0 分代表没有进展，1 分代表 100% 达成目标。OKR 鼓励员工尽可能制定挑战性的目标。如果你的最终目标总是达成 1 分时，就需要考虑你的目标是否定得太低了。在我工作过的那家大厂，理想状况下 OKR 的得分应该是 0.6 ~ 0.7 分。如果你总是制定一个保守的 OKR，得分总是接近 1 分，你会被别人看不起，大家会认为你这个人没有追求。

虽然 OKR 得分不用作绩效评价，但 OKR 所产生的客观贡献将作为绩效评价的输入。比如刚才我举的那个例子，那个销售员的 OKR 是年销售额 1 亿元，最终实际只完成了 8 000 万元，他的 OKR 得分为 0.7 分。在绩效评价时，并不是看0.7 这个分数，而是实际年销售额 8 000 万元这个数字。"（OKR 评分说明如图 6-5所示）

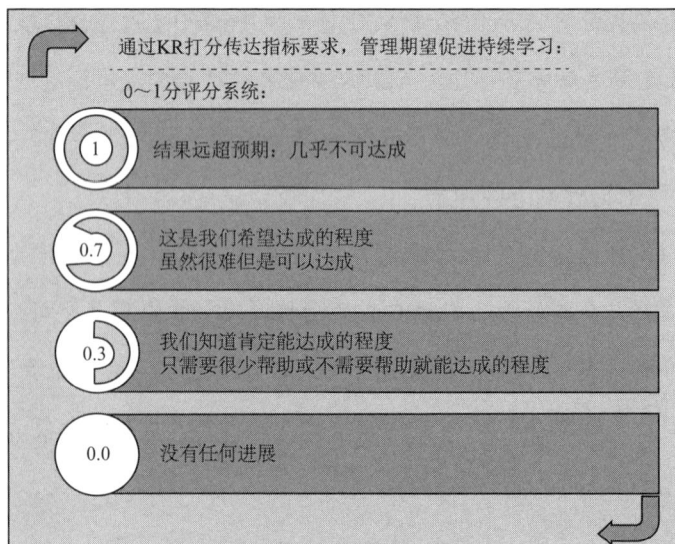

图 6-5　OKR 评分说明

"如果 OKR 的实施周期和绩效考评的周期不一致怎么办？我们研发中心很

多项目的实施周期都是跨年的。"闫飞问道。

"这个好办，你来看一下。"乔智打开另一张PPT，如图6-6所示："比如，这家公司每半年做一次绩效评价，如果在6月底，第四个OKR还未完成，可以取这个目标半年度的阶段性贡献作为绩效评价的依据。那么，半年度绩效评价的结果就是贡献1+贡献2+贡献3+阶段性贡献4。"

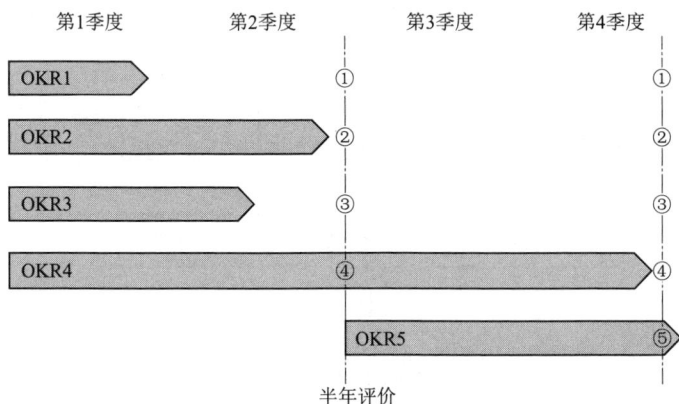

图6-6　OKR阶段性评价举例

OKR 的评价流程

"如果将员工的OKR自评作为绩效评价的主要输入，那么主管在绩效评价中扮演什么角色呢？"郁梅问道。

"这个问题问得好。"乔智伸出了大拇指："员工在完成自我评价后，需要针对每个项目，选择最了解自己工作的3～8个同事作为同行评议人，请他们对自己的贡献给出评价意见。你可能同时参与了多个项目，而且每个项目的合作伙伴也不一样，所以同行评议人也要区分开来，只邀请了解自己项目的人给予评价，这样可以保证同行评价的客观性。

相关同事在收到你的评议邀请后，需要给出他们的评议意见，这个评议对事不对人，只需给出他对和你共同参与的项目的评价意见即可。下一步是由你的顶头上司综合所有同行的评议意见，给出初评意见。然后，他把初评建议汇总，提交给（研发中心）管理团队进行集体评议。管理团队就所有员工的贡献综合考虑之后，给出你的最终绩效结果。最后一步是绩效沟通，你的主管和你面谈一次，指出优点和不足，敦促你在未来加以改进和提高。"（具体流程如图 6-7 所示）

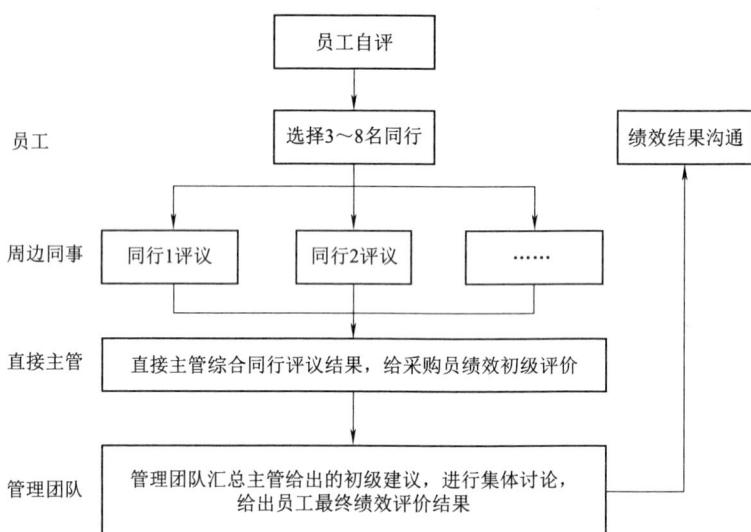

图 6-7　OKR 同行评议流程

OKR 与绩效评价的关系

乔智越讲越兴奋："始终要记住一点，OKR 的目的不是为了绩效考评，而是为了激发员工的创造性，释放他们的潜能，为企业创造更大的价值，所以这个方法特别适合像咱们研发中心这种创意型组织。注意，员工的 OKR 自我评价，评的是员工的最终贡献，而不是 OKR 得分。自我评价是文字性输入的定性信息，你只需简要地列出你在考评期内有哪些产出，然后提交给同行进行评议；同行评议通常采用 5 分制，针对每个项目，相关同事会给出分值，这个分值代表了他们对你在这个项目中的贡献和价值的认可，它和你在 OKR 自我评价中的得分没有直接对应的关系。我工作过的那家大厂甚至出现过这种情况，绩效评价时，绩效最好的员工 OKR 的平均分大概是 0.6 分，绩效最差的员工 OKR 的平均分却是 0.8 分。"（OKR 与绩效评价的关系如图 6-8 所示）

"我大概听明白了，OKR 没有把目标完成率直接应用到绩效评价环节，这确实是一大创新。我们现在的做法是对员工每条绩效目标的完成情况都要一一评估，让员工在潜意识中把目标和绩效考评与奖金直接画上了等号，导致他在选择目标时必然趋向保守，不愿向更高的目标冲刺。"郁梅似乎有些开悟了。

OKR	绩效评价

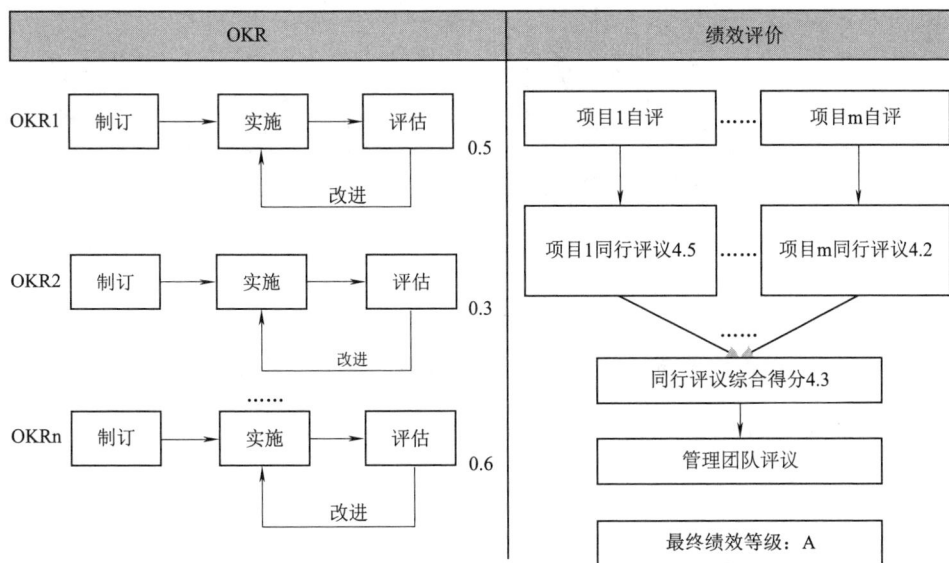

图 6-8　OKR 与绩效评价的关系

"没错，郁总，OKR 强调目标完成率与绩效评价适度分离，是希望员工或团队在制定目标时，首先考虑如何把事做好，而不是时刻关注事成之后的回报。聚焦做事，内心要有不计回报的魄力，不要被物质回报遮住了双眼，束缚了手脚，只有放手一搏，才能创造更大的价值。同时，OKR 也不是和绩效评价毫无关系，当你制定了一个非常具有挑战性的目标，而且也完成得不错，形成了实实在在的有效产出，这个有效产出经过同行评议后就会成为绩效评价的重要输入，管理团队会在一定范围内集中考查所有人的贡献，按贡献的相对大小进行排序，最终定出你的绩效等级，这套机制是不是比强制分配法高级多了？"（OKR 与绩效评价和激励如图 6-9 所示）

"乔老师，您介绍的 OKR 绩效评价方法确实非常好！但我们集团的大部分员工目前还没有达到做事不计回报的境界，OKR可能暂时还不太适合LX集团吧？"郁梅问道。

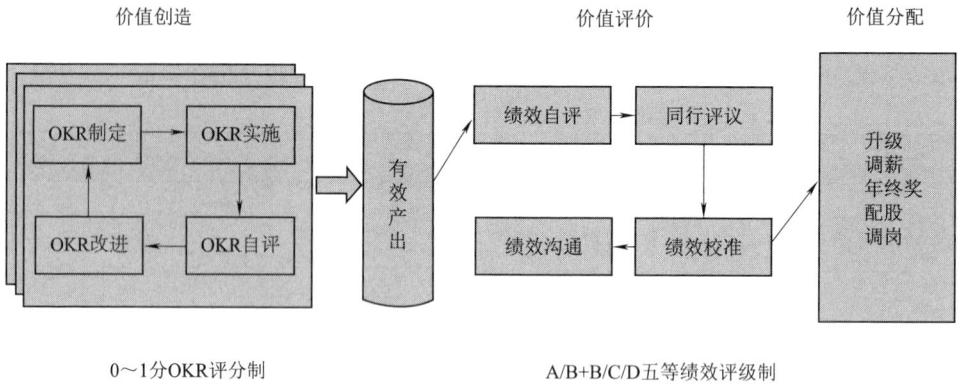

图6-9　OKR与绩效评价和激励

"我觉得OKR倒是挺适合我们研发中心的，或者明年先拿我们部门试点？"闫飞显得异常兴奋。

"还是先跟昆总商量吧。"高展提议道。

在热烈的讨论中，大家几乎忘记了时间，天色渐渐暗了下来，隔壁的肖丽走进了小会议室。

"各位老师还在忙吗？去吃饭吧，昆总让我来招呼大家，车子已经在楼下等你们了。"

"好的。"大家有说有笑地走出了小会议室。

尾声

这个项目是"赔本赚吆喝"吗

12月29日上午，在QD开往北京的高铁上，高展、钱锋和万慧在自己的座位上酣然入睡。经过两个多月不分昼夜地奋战，LX集团全面预算管理项目完美收官，大家终于长长地舒了一口气。在昨晚的欢送晚宴上，他们同LX集团的管理团队开怀畅饮，依依惜别，几乎每个人都喝到了半醉状态，直到早上乘车检票时，似乎还未完全醒来，上车后又很快进入了梦乡。

午餐时间到了，最先醒来的万慧推了推坐在前排的钱锋。

"师兄，该吃午饭了，要不要我帮你们点餐？你们想吃什么？"

"咱们去餐车吃吧。"高展站起身，伸展了一下手臂，提议道。

"好吧，我也有点饿了。"钱锋揉着眼睛站了起来。

三人来到餐车，饭吃到一半时，钱锋忽然若有所思地开口说道：

"师傅，昨天下午咱们复盘的时候，有个想法我还没来得及讲，就被闫总和郗总他们打断了。您看，这个项目咱们做了两个多月，实际干的活早就超出了合同确定的项目范围。乔智帮助销售公司建立了销售数据与客户价值分析系统，万慧辅导财务中心按作业成本法调整了成本核算系统，您和我指导袁总和采购中心开始搭建供应链管理系统，这些工作可都不包含在咱们和LX集团签订的合同里啊。现在项目已经交付，客户也对咱们挺满意。但是，如果从项目管理的角度来看，我们付出的成本和代价是不是太大了？跟这个项目的收入完全不匹配啊。"

"你怎么不早说？现在项目已经结束了，我们也不好意思再让人家增加咨询费了。"万慧埋怨道。

"当时只顾忙着帮他们'救火'了，也没考虑这么多呀。"钱锋叹了一口气。

"钱锋，这个问题其实我早就想到了，主要是考虑我们 TY 财税和 LX 集团是第一次合作，做这个项目的目的是要成为他们可以信赖的长期合作伙伴，所以，我对这些额外的付出就完全没有计较，让我感到愧疚的是，这两个多月你们三个人太辛苦了。"高展拍了拍钱锋的肩膀。

"师傅，您就不用跟我们客气了，多干点活没什么，只要客户满意，您也满意，我们就开心啊。"钱锋喝了一口饮料。

"是啊，师傅，从这个项目的实施效果来看，和 LX 集团建立长期合作关系的目标应该是达到了。这个项目虽然时间很紧，我们总算连滚带爬地做完了。但我觉得 LX 集团要让明年的预算真正落地，他们还有许多功课要做。昨晚喝酒时昆总不是提了一句吗？ERP 系统和供应链管理系统的实施已列入他们的日程，过了春节就要启动，估计过两个月我们还得再杀回来。"万慧附和道。

"你说得没错，LX 集团在我们服务的客户中虽然规模不大，应该算是一家比较优秀的企业了。他们的管理团队都很敬业，执行力也比较强，在这个项目的实施过程中，一直都和我们配合得很好。现在咨询业内卷得厉害，能遇到这样的客户，也是挺难得的。所以，不管是这个项目的后续服务，还是明年要继续跟进的项目，你们一定要全力以赴把这个客户维护好。"高展对自己的两个爱徒充满期待。

"放心吧，师傅。"钱锋和万慧异口同声地答道。

"昨天下午乔智这小子有点把我惊着了，没想到他不仅擅长数据分析，还懂OKR，讲得头头是道，现在的后浪真是太厉害了，估计我们很快就要被拍到沙滩上了。"万慧的话把高展和钱锋逗笑了。

"说曹操，曹操就到。这小子给我们发微信了。"钱锋拿起手机，对着屏幕读了起来：

"师傅、师兄、师姐好！我女朋友今天放假，她下午乘高铁来 RS 市，闫总会陪我去车站接她，并已安排好今晚为她接风。另外，我们在 RS 市度假这几天，几乎晚饭都被 LX 集团的高管约满了，我替你们多喝几杯吧。提前祝你们新年快乐！"

"让他别喝多了，注意身体，过了新年，那个 ERP 项目还等着他出方案呢。"高展关切地叮嘱道。

"他有小女友管着，您就不用操心了。"万慧安慰道。

"你们这几天也好好放松一下吧，多陪陪家人，把身体调养好，做好准备，在新的一年里，让我们一起大干一场。"

"好的，师傅，那是必须的。"

三个人端起餐桌上的饮料一饮而尽。

参考文献

[1] 况阳 . 绩效使能：超越 OKR[M]. 北京：机械工业出版社，2019.

[2] 姜宏锋 . 采购 4.0：采购系统升级、降本、增效实用指南 [M]. 北京：机械工业出版社，2017.

[3] 何宇轩 . 数字解读万科 [M]. 北京：机械工业出版社，2016.

[4] 刘宝红 . 供应链管理：高成本、高库存、重资产的解决方案 [M]. 北京：机械工业出版社，2016.

[5] 房西苑，周蓉翌 . 项目管理实战教程 [M]. 北京：企业管理出版社，2005.

[6] 何宇轩 . 数字解读万科 [M]. 北京：机械工业出版社，2016.

[7] 刘顺仁 . 管理要像一部好电影 [M]. 太原：山西人民出版社，2008.